DAS KLEINE
STERNZEICHENBUCH

Löwe

23. Juli – 23. August

SONDERAUSGABE

Text: Peter Ripota (unter Mitarbeit von Y. Kirsch, A. Huber, B. Kleefeld, W. Martin, G. Motitschka), Ursula Fassbender
Titelabbildung: Hartmut Baier
Umschlaggestaltung: Axel Ganguin

ISBN 978-3-8174-6400-5
5264002

Fast alle Menschen kennen ihr Sonnenzeichen – das, was man gewöhnlich als „Sternzeichen“ bezeichnet. Und mindestens die Hälfte kennt auch ihren Aszendenten. Viele lesen die astrologischen Wochenprognosen in den Illustrierten, und die Astrologen haben Zulauf wie im Mittelalter.

Was ist dran an der Astrologie? Enthält sie uraltes Wissen, vielleicht sogar von übermenschlichen Besuchern aus dem Kosmos? Oder ist sie Scharlatanerie, Geschäft mit der Gutgläubigkeit (und Vergesslichkeit) der Menschen?
Immerhin beschäftigen sich mehr ernsthafte Gelehrte und Praktiker mit ihr, wenn auch meist heimlich: Ärzte, Heilpraktiker, Psychologen, Berater. Wendet man ihre Erkenntnisse an, kommt man zu praktischen, verwertbaren Lebenshilfen. Man muss nur wissen, worüber die Sterne wirklich Auskunft geben können und worüber nicht.

Die Sterne können Auskunft geben über:
- angeborene Talente, Begabungen und besondere Fähigkeiten,
- angeborene körperliche Schwächen,
- Zeiten, in denen es günstig ist, etwas Bestimmtes zu tun,
- Zeiten, in denen es eher ungünstig ist, gewisse Dinge in Angriff zu nehmen,
- Menschen, mit denen man sich gut versteht und solche, mit denen man eher Probleme hat.

Die Sterne können nichts darüber sagen:
- wie man gerade lebt oder sich fühlt,
- ob eine Verbindung (z.B. Ehe) glücklich ausgeht oder nicht,

- wie jemand aussieht,
- an welchen Krankheiten jemand tatsächlich leidet.

Die Astrologie ist in diesem Sinn Lebenshilfe, dass sie jemandem sagen kann, wo seine Chancen liegen – vorausgesetzt, er fördert die Talente und Anlagen, die ihm unter seinem Stern- bzw. Sonnenzeichen gegeben sind. Auch kann die Astrologie bestimmte Fehler, zu denen man „natürlicherweise" neigt, von vornherein vermeiden helfen.

Und nicht zuletzt führt die Beschäftigung mit dem eigenen Tierkreiszeichen, das Nachdenken über Aussagen, die die Astrologie hierüber macht, zur kritischen und positiven Auseinandersetzung mit sich selbst: Wie oft hat man das Gefühl, beruflich oder privat am falschen Platz zu sein! Die Astrologie kann solche Gefühle bestätigen oder widerlegen. Doch es dürfte klar sein, dass das Sternzeichen allein keine erschöpfende Auskunft geben kann. Es gibt auf dieser Welt nicht nur zwölf Menschentypen, sondern so viele einzigartige Charaktere wie Menschen. Dennoch ist die Beschäftigung mit dem Sternzeichen sinnvoll. Sie zeigt die Grundtendenzen auf, die den Weg zu einem erfüllten Leben andeuten.

Einführung

Grundlagen der Astrologie

Bei Astrologie denken wir gleich an den Einfluss der Sterne. Tatsächlich wissen wir nicht, wie Astrologie funktioniert, doch jeder kann sich selbst davon überzeugen, dass sie funktioniert. Auch haben nicht die Sterne Einfluss auf uns, sondern die Himmelskörper unseres Sonnensystems: Sonne, Mond und die Planeten.

Das Sonnenzeichen

Am stärksten wirkt die Sonne, der wir unser Dasein verdanken und ohne die keinerlei Leben möglich wäre. Während der scheinbaren jährlichen Wanderung der Sonne am Himmel hält sich dieser Stern etwa einen Monat lang in je einem Tierkreiszeichen auf. Die zwölf Tierkreiszeichen haben die gleichen Namen wie die Sternbilder der Ekliptik, doch sie sind mit ihnen nicht identisch. Während Sternbilder am Himmel fest verankert sind und aufgrund ihrer großen Entfernung keinerlei Einfluss auf den Menschen ausüben können, bilden Tierkreiszeichen – oder kurz Zeichen – eine zeitliche Einteilung des Jahres. Wer im Frühjahr geboren wird, wenn alles vom Winterschlaf erwacht und nach außen drängt, der hat einen ganz anderen Charakter als jemand, dessen Geburt in die Zeit der erlöschenden Herbstsonne fällt. Aus dieser jahreszeitlichen Einteilung ergeben sich die Eigenschaften der zwölf Zeichen.

Die zwölf Zeichen

♈ **Widder** (21. März bis 20. April: Beginn des Frühlings):
Der große Kampf des aufkeimenden Frühlings gegen den unterliegenden Winter beginnt. Es bilden sich die ersten Knospen. Unter Stürmen und Kämpfen, doch mit unerschütterlichem Optimismus wächst neues Leben.

♉ **Stier** (21. April bis 20. Mai: Mitte des Frühlings):
Die Wiesen blühen, die Frühlingsdüfte erfüllen die Luft, das Leben beginnt. Die Zeit ist gekennzeichnet durch die Farbenpracht der Blüten.

♊ **Zwillinge** (21. Mai bis 21. Juni: Unruhe des Frühlings):
Etwas Neues bereitet sich vor, die Jahreszeit neigt sich dem Ende zu. Veränderungen in der Luft bringen Unruhe und Neugier. Die Bäume bilden Bätter und Zweige, Pflanzen und Tiere treten in Kontakt miteinander.

♋ **Krebs** (22. Juni bis 22. Juli: Beginn des Sommers):
Etwas Neues baut sich auf, die heißeste Jahreszeit beginnt. Regen, Feuchtigkeit und die Fülle sommerlichen Lebens erfüllen die Erde. Plötzlich kommt es zu Gewittern, zu Unruhe, zu Entladungen. In Feuchtigkeit und Hitze bildet sich neues Leben.

♌ **Löwe** (23. Juli bis 23. August: Mitte des Sommers):
Die Natur erstrahlt in ihrem höchsten Glanz. Die Sonne hat zwar den Höhepunkt überschritten, bringt aber eine ruhige und überlegene Wärme. Alles blüht hochsommerlich, voller Wärme und Energie. Die Natur hat ihre Reife erreicht.

♍ **Jungfrau** (24. August bis 23. September: Unruhe des Sommers):
Es wird Zeit, die Ernte einzubringen. Dazu braucht man Fleiß, Sinn für Ordnung und Freude an der Arbeit. Früher arbeiteten nur Frauen und Mädchen auf den Feldern, daher wird diese Zeit vom Zeichen der Jungfrau beherrscht.

♎ **Waage** (24. September bis 23. Oktober: Beginn des Herbstes):
Die Ernte ist eingefahren und muss gerecht verteilt werden. Außerdem hat man jetzt mehr Zeit für das Schöne: für Feste und Vergnügungen, für Kunsthandwerk und Geselligkeit. Das Wetter ist immer noch schön, die Herbstfarben regen zu stimmungsvollen Bildern an.

♏ **Skorpion** (24. Oktober bis 22. November: Mitte des Herbstes):
Die trübe Jahreszeit beginnt. Nebel und gefallene Blätter künden von Tod und Verwesung. Die Menschen beginnen, sich in sich selbst zurückzuziehen und auf ein häusliches Leben einzustellen.

♐ **Schütze** (23. November bis 21. Dezember: Unruhe des Herbstes):

Das Schlimmste an herbstlich-düsterer Stimmung ist überwunden. Im Spätherbst kommt nochmals eine gewisse Leichtigkeit vor den Stürmen des Winters, ein kurzer Optimismus, der mithilft, den Winter zu überstehen.

♑ **Steinbock** (22. Dezember bis 20. Januar: Beginn des Winters):

Die Sonne hat ihren tiefsten Stand erreicht, die Erde ist trocken und die Natur karg. Nur die zähen Tiere überleben, diejenigen, die sich einen Vorrat angeschafft haben und sich ans Leben klammern.

♒ **Wassermann** (21. Januar bis 19. Februar: Mitte des Winters):

Die Luft ist glasklar, alle Aktivitäten eingeschränkt. Die Natur verharrt in kälteklirrender Gelassenheit. Tätigkeiten des Geistes werden jetzt begünstigt.

♓ **Fische** (20. Februar bis 20. März: Ende des Winters):

Die Kälte schwindet, der Schnee schmilzt, alles wartet auf das Ende des Winters und auf den stürmischen Beginn des neuen Jahres.

Der Aszendent

Neben der Sonne sind natürlich auch noch andere Faktoren wichtig. So war schon im Altertum bekannt, dass der Punkt, an dem der Ost-Horizont den Tierkreis schneidet, einen entscheidenden Einfluss auf das Leben eines Neugeborenen ausübt, ganz besonders, wenn zu dieser Zeit auch noch ein Planet aufgeht.

Dieser Punkt heißt Aszendent (von lat. „ascendere“ = aufgehen). Ihn zu berechnen ist etwas kompliziert und auch nur dann sinnvoll, wenn die Geburtszeit genau bekannt ist. Alle zwei Stunden geht ein neues Zeichen auf, und im Laufe eines Tages dreht sich die Erde auf diese Weise durch den ganzen Tierkreis.

Die vier Elemente

Nach frühester astrologischer Tradition werden die Tierkreiszeichen in Gruppen zusammengefasst. Das Weltensystem der alten, aus dem Orient stammenden Astrologie war geozentrisch. Die Kreisbewegungen der Planeten um die Erde wurden mit den linearen, zeitlich begrenzten Bewegungen der vier klassischen Elemente Feuer, Luft, Wasser und Erde kombiniert.

Die Vier-Elemente-Vorstellung wurde von Ptolemäus mit der Astrologie in Verbindung gesetzt. Er ordnete je drei Tierkreiszeichen den vier Elementen zu. Man spricht hier von Triplizität oder der Verknüpfung von drei Tierkreiszeichen in vier

Gruppen. Aus der Stellung der Planeten in den entsprechenden Tierkreiszeichen ergibt sich die Elementnatur. Wer in einem bestimmten Element geboren ist, hat entweder eine luftige oder feurige Natur und ein entsprechendes Temperament oder Schicksal. Die Menschen, denen die Elemente Feuer, Erde, Luft und Wasser zugeordnet werden, haben außerdem in ihrer Geburtsstunde eine bestimmte Konstellation von Sonne, Mond, Aszendent oder Planeten, die sich auch auf ihr Charakterbild auswirkt.

Nachfolgend werden die einzelnen Elemente und die astrologisch dazugehörigen Tierkreiszeichen aufgeführt:

Das Element **Feuer** (Widder, Löwe und Schütze) ist optimistisch, liebt Bewegung, ist unternehmungslustig und voll von körperlicher Energie. Der Partner verkörpert teilweise einen Mythos, also eine fantastische Gestalt, die über die Realität hinausgeht. Die Bindung in einer Partnerschaft sind gemeinsame Unternehmungen, Sport, Dynamik. Sex ist für Feuerzeichen eine wichtige Angelegenheit, bei der sie ihren Körper transzendieren und eine Art spiritueller, ekstasischer Vereinigung spüren wollen.

Das Element **Erde** (Stier, Jungfrau und Steinbock) ist realistisch und neigt deswegen zu Pessimismus und Melancholie. Es liebt Materie, also Besitz, sinnliche Vergnügungen, Arbeit und Status. Der Partner sollte ständig anwesend sein; moderne Beziehungen mit langer Trennung können Erdzeichen nicht ertragen. Die Bindung in einer Partnerschaft sind Vertrautheit, gemeinsamer Besitz, Familie, Kinder, eine gute Position in der Gesellschaft, gutes Essen und angenehme Sinneseindrücke. Sex ist für Erdzeichen eine tiefe, körperliche Erfahrung, ohne Über- oder Untertöne. Eine romantische Umgebung kann wichtig sein, Gespräche beim Sex sind eher störend.

Das Element **Luft** (Zwillinge, Waage und Wassermann) liebt die Freiheit und redet gern. Es ist kontaktfreudig und muss die Wirklichkeit durch ein geistiges System ordnen. Luftzeichen lieben geistvolle Gespräche und nehmen die Welt leicht. Der Partner kann weit weg sein; Telefongespräche ersetzen dann den körperlichen Kontakt. Die Bindung in einer Partnerschaft sind geistige Auseinandersetzungen, Gespräche und Ideen. Sex ist für Luftzeichen nicht so wichtig. Gespräche, also Verbal-Erotik, können den eigentlichen Akt ersetzen bzw. wichtiger werden als die körperliche Vereinigung.

Das Element **Wasser** (Krebs, Skorpion und Fische) lebt in einer Welt von Vorstellungen, Fantasien und Gefühlen. Manchmal mangelt es ihm an Durchsetzungskraft, dafür ist es von hohem Einfühlungsvermögen geprägt. Der Partner sollte anwesend sein, weniger als Person denn als gefühlvolles, zugewandtes Wesen. Die Bindung in einer Partnerschaft sind gemeinsame Träume und liebevolle Zuwendung. Sex ist für Wasserzeichen Ausdruck einer gefühlsmäßigen Übereinstimmung, niemals Selbstzweck.

Viereckgruppierung der Tierkreiszeichen

Der jährliche Sonnenlauf wird in vier Jahreszeiten eingeteilt. Die Jahreszeichen zeigen sich immer im gleichen Rhythmus. Die Jahreszeit bewegt sich, zeigt sich fest, stabilisiert sich, sie gleicht sich der folgenden Jahreszeit an. Genauso werden die Tierkreiszeichen eingeteilt.

Die **kardinalen** (aktiven) Zeichen (Widder, Krebs, Waage, Steinbock) ergreifen gerne selbst die Initiative und setzen sich konkrete Ziele.

Die **fixen** (beharrlichen) Zeichen (Stier, Löwe, Skorpion, Wassermann) können bei einer Sache bleiben und sind gute Organisatoren. Die **beweglichen** (reaktionsfreudigen) Zeichen (Zwillinge, Jungfrau, Schütze, Fische) sind anpassungsfähig und können rasch auf Veränderungen reagieren.

Männliche und weibliche Zeichen

Die Astrologie unterscheidet zudem auch noch nach männlichen und weiblichen Zeichen. Dies steht in gewisser Analogie zum Prinzip „Yin“ und „Yang“, von dem später noch im Kapitel zur Chinesischen Astrologie die Rede sein wird. Dieses älteste Gegensatzpaar hat somit auch in der Astrologie seinen Platz gefunden. Die Einteilung soll auf typisch männliche oder typisch weibliche Merkmale hinweisen.

Zu den **männlichen** Zeichen gehören die Feuer- und Luftzeichen, also Widder, Zwillinge, Löwe,

Waage, Schütze, Wassermann. Vertreter dieser Zeichen sollen zielstrebig und tatkräftig sein. Sie ergreifen gern die Initiative.

Zu den **weiblichen** Zeichen gehören die Erd- und Wasserzeichen, also Stier, Krebs, Jungfrau, Skorpion, Steinbock, Fische. Die Vertreter dieser Zeichen sind eher passiv und zeichnen sich durch ihr zögerliches Handeln aus. Sie sollen sehr friedliebende Menschen sein.

Außerdem werden die Zeichen noch von Planeten beherrscht, die teilweise ebenfalls als männlich oder weiblich bezeichnet werden. So ist eine Waage-Frau vom biologischen Geschlecht her weiblich, dem Zeichen nach männlich, doch der beherrschende Planet Venus ist wiederum weiblich.

Zusammenfassung:

Fasst man die vorher genannten Eigenschaften und Zuordnung für die einzelnen Tierkreiszeichen zusammen, so ergibt sich folgende Aufstellung:

Widder: Feuer, beweglich, männlich

Stier: Erde, fest, weiblich

Zwillinge: Luft, angleichend, männlich

Krebs: Wasser, beweglich, weiblich

Löwe: Feuer, fest, männlich

Jungfrau: Erde, angleichend, weiblich

Waage: Luft, beweglich, männlich

Skorpion: Wasser, fest, weiblich

Schütze: Feuer, angleichend, männlich

Steinbock: Erde, beweglich, weiblich

Wassermann: Luft, fest, männlich

Fische: Wasser, angleichend, weiblich.

Berücksichtigt man alle Faktoren, die zur Zeit der Geburt einen Einfluss ausüben können – Planeten, Häuser, Achsen, bestimmte Punkte – dann erhält man eine bildliche Darstellung, die man Horoskop nennt. Ein Horoskop kann Auskunft geben über die natürlichen Anlagen, Fähigkeiten und Talente eines Menschen; es kann jedoch nichts darüber sagen, was diese Person daraus macht. Die Symbole eines Horoskops sind wie die Gene eines Menschen: Sie beeinflussen ihn, aber welches Gen wofür zuständig ist, ist nicht leicht zu sagen. Der Mensch wird auch nicht nur durch seine Gene geformt, sondern auch durch Erziehung, Umwelt, Karma – und den eigenen Willen. In diesem Sinn ist Astrologie keine Zukunftsdeutung eines vorgezeichneten Schicksals, sondern der Hinweis auf das Potential eines Menschen und ein Appell an das Verantwortungsgefühl eines jeden, mit den eigenen Ressourcen vernünftig umzugehen und sie zum Wohle der Menschheit einzusetzen.

Warum die Astrologie so beliebt ist

Nur im Abendland gibt es eine derart scharfe Abgrenzung zwischen der Wissenschaft, die uns die Welt erklärt, und der Religion, die uns das Leben erklärt. Die Wissenschaft zeigt, wie die Dinge funktionieren, aber sie sagt uns nichts darüber, warum das so ist und welchen Sinn unser Leben hat. Die Religion erklärt nichts, kann aber dem Leben des Einzelnen Sinn und Inhalt verleihen. Eine Berührung zwischen beiden scheint es nicht zu geben. Doch gerade da kommt die Astrologie ins Spiel. Von der Wissenschaft hat sie die Exaktheit der Berechnungen, die Komplexität der Formeln und die Ableitbarkeit komplexer Sachverhalte aus ihren Symbolen. Von der Religion hat sie die Fähigkeit, dem Einzelnen sein Leben in größerem Maßstab, sozusagen unter dem Aspekt der Ewigkeit, zu zeigen. Selbst Kritiker der Astrologie müssen zugeben, dass diese unser Leben in einer Form bereichert, wie es die rationalen Wissenschaften niemals können. Die Astrologie stillt die Sehnsucht des Menschen nach etwas Mythischem, Spirituellem, über den Alltag Hinausgehendem. Und darum brauchen wir sie.

♌ LEO.

Der Löwe

Der Löwe als Mythos

Der Löwe ist der Mythos der Macht. Im Zeichen dieses Königs der Tiere steht die Sonne im Hochsommer. Es ist nach astrologischer Lehre das Zeichen ihrer ureigensten Herrschaft. Und es ist zugleich auch das Zeichen der Herrschaft schlechthin, das Signum der Patriarchen und Könige.

Der Löwe ist auf Schildern und Wappen dargestellt, er bewacht – in Stein gehauen – Portale und Brücken; er findet sich heute wie ehedem auf Ringen und Gürtelschnallen, ja überall dort, wo Stolz, Selbstbewusstsein und Macht hervorgekehrt werden wollen.

In der griechischen Mythologie werden diese Kräfte durch den Nemeischen Löwen versinnbildlicht, den zu besiegen Herakles auszog. Dieser Löwe, der die Bewohner der Stadt Nemea in Angst versetzte, hatte eine unverwundbare Haut und an seinem Schädel zerbarst auch die Keule des Herakles. Somit entschloss sich der Held, Leib an Leib mit dem Untier zu kämpfen, und schließlich gelang es ihm, den Löwen zu erwürgen. Von da an schritt Herakles, in das als Beute genommene Fell des Löwen gehüllt und so mit zusätzlicher Widerstandskraft ausgerüstet, zu neuen Taten weiter.

Dieser Mythos besagt, dass nur, wer den eigenen Stolz und Machthunger in sich besiegt hat, auch fähig und würdig ist, ein Held genannt zu werden und Herrschaft auszuüben.

Der Löwe symbolisiert die schrecklichsten diesseitigen Kräfte, die amoralische Vitalität, die ungezügelten Triebkräfte. Kaiser Nero wusste wohl nur zu gut um diese Bedeutung. Denn nicht nur, dass er seinen Prunkwagen von Löwen ziehen ließ, er ließ auch bekanntlich die Christen, die die Göttlichkeit seiner Herrschergewalt leugneten, von Löwen zerfleischen.

Nur scheinbar ist der Löwenliebhaber Nero letztlich vom Christentum überwunden worden. Denn es dauerte nicht allzu lange, da führten die christlichen Herrscher selbst den Löwen im Schilde, wenn sie zu ihren zahlreichen Eroberungskriegen auszogen.

Wir haben hier gleich zu Anfang die krassesten negativen Seiten des Löweprinzips erwähnt (wir hätten es vielleicht nicht getan, wüssten wir nicht, dass die Löwen schon einiges aushalten), um klar und deutlich herauszustellen, dass alles, was sich mit dem Löwesymbol schmückt, immer zur Entscheidung zwischen Gut und Böse, zwischen Egoismus und Altruismus herausfordert. Diese Entscheidung wird ganz besonders dem Herrscher selbst abverlangt.

Der Löwe im Wappen ist eine Demonstration der Souveränität, aber in dieser Souveränität liegt gleichzeitig die höchste und schwerwiegendste Verantwortung beschlossen.

Erkennen wir nun die Tiefendimension, die mystischen Aspekte dieses nur vordergründig so diesseitigen Zeichens.

Der Löwe verkörpert die Kräfte der Natur, das organische Wachstum. Die Natur ist grausam. Und wir haben diese grausamen Seiten des einzigen nach einem kapitalen Raubtier benannten Zeichens bereits dargelegt. Und doch ist es nur der Mensch, der diese Grausamkeit bis zur sinnlosen Bestialität zu steigern vermag. Das richtig verstandene Löweprinzip ist also bei aller vitalen Machtäußerung doch alles andere als ein generell lebensbedrohendes. Der Löwe lebt auch mit seinen Beutetieren in ökologischem Gleichgewicht.

Die Natur ist, wie der Löwe, aristokratisch. Und nur der Mensch vermag dieses Prinzip zu einem despotischen, unterdrückenden zu verzerren.

Der Löwe ist ein Feuerzeichen wie Widder und Schütze. Daher seine grundsätzliche Aggressivität, sein cholerisches Temperament. Er ist aber auch eines der solidesten Feuerzeichen. Ruhendes Feuer, liegt darin nicht ein Widerspruch? Nun, beim Löwen ist das Feuer allgegenwärtig, aber latent. Es ist stets bereit auszubrechen, aber es lodert und flackert nicht unaufhörlich. Es frisst sich nicht fort, sondern es wartet, bis man sich an ihm entzündet. Es ist am ehesten dem kultischen Feuer im Tempelinneren zu vergleichen, weihevoll, ruhig, brennend, ein Ausdruck des Opfers und der Anbetung. Es ist das Symbol für die Majestät.

Auch dem Hochsommer eignet der Charakter des Innehaltens. Die Sonne senkt sich in ihrer Jahresbahn bereits abwärts, die Temperatur ist aber noch im Steigen begriffen. Die wechselhafte

Witterung des Frühsommers hat stabileren Wetterverhältnissen Platz gemacht. Brütend schwer lastet die Hitze auf Feldern und Wegen.

Der Wald aber spendet nun seinen ausgiebigsten Schatten. Vor der arbeitsreichen Erntezeit halten Mensch und Natur noch einmal inne.

Das Sternbild des Löwen ist ungemein charakteristisch. Das Haupt des Löwen ist zu erkennen. An der Stelle seines Herzens befindet sich der Stern Regulus, der Berühmtheit verleiht. Der Schwanz des Löwen wird durch den etwas kleineren Fixstern Denebola versinnbildlicht. Seine Bedeutung verweist auf die Kehrseite des Machtprinzips: die plötzlichen Rückschläge. Auch ein begleitendes Sternbild dieses königlichen Tieres gibt es: den Kleinen Löwen. Und dazu ist der große Löwe auch noch das größte aller Tierkreissternbilder.

LH

Der Löwe und sein beherrschender Planet

Der Planet, der in dem Zeichen herrscht, dem die Herrschaft an sich zugeordnet ist, der sich sozusagen in diesem königlichen Klima am wohlsten fühlt, ist – wie könnte es anders sein – nicht irgend ein Trabant, sondern die Sonne selbst.

Die Sonne ist ein Fixstern. Ihre Masse ist etwa 750-mal größer als die aller ihrer Planeten zusammengenommen. Die Sonne ist nicht nur Zentrum sondern auch Ursprung und Erhalter des gesamten Sonnensystems, mit allen seinen Planeten und Monden. Alle Energie auf Erden ist somit letztlich auch nur Sonnenenergie. Alle Erze im Schoße der Erde sind Abkömmlinge der Sonnenmaterie: Erdöl und Kohle haben sich aus urzeitlichen Pflanzen gebildet, die ihr Leben wieder dem Sonnenlichte verdankten. Das Ende der Sonne – und dieses wird mit naturgesetzlicher Notwendigkeit kommen – wird auf jeden Fall auch das Ende der Erde sein.

Es ist kein Wunder, dass zu allen Zeiten der Sonne höchste Verehrung entgegengebracht wurde, oder dem höchsten Wesen sonnenhafter Charakter zugesprochen wurde. Der mystische Charakter dieses Zentralgestirns ist absolute Einheit, die in sich keine Gegensätze mehr einschließt. Die Sonne ist Anfang und Ende, Eins und Alles. Sie ist als solches geradezu eigenschaftslos und nur mit dem Punkt oder mit der Unendlichkeit zu vergleichen.

Dies drückt auch ihr Symbol in der Astrologie aus: der Punkt im Zentrum eines Kreises. Es ist das einfachste und zugleich großartigste Symbol von allen. Würde man es vergrößern, näherte sich der Kreis einer unendlichen geraden Linie, der Punkt aber bliebe derselbe.

So sind auch alle Sonnengötter geradezu unpersönlich und eigenschaftslos. Der griechische Helios ist ein Gleichnis für den Lauf der Sonne, seine Persönlichkeit aber nimmt nicht teil an den Geschicken auf Erden, er beleuchtet sie nur und erhält ihre Lebenskraft. Seine Kraft und Weisheit findet dadurch ihren Ausdruck, dass er den von vier Rosen gezogenen Sonnenwagen (vier Himmelsrichtungen, vier Jahreszeiten) in immer dergleichen, kreisförmigen Bahn hält, die alles Leben auf Erden pulsieren lässt. Er ist absolut unersetzlich.

Die Inkas hatten nur einen einzigen Gott: die Sonne. Von Sonnenkulten zeugen die meisten Baudenkmäler der altamerikanischen Kulturen. Dem Lebensgestirn ist das Herz zugeordnet. Und so wurden auch dem aztekischen Sonnengott Menschenopfer dargebracht, indem man ihnen mit einer Obsidianklinge den Brustkorb öffnete und das noch zuckende Herz herausschnitt.

Wie der Löwe ist die Sonne grausam und freundlich zugleich. Sie ist im Grunde aber weder das eine noch das andere, sondern steht absolut über allem, was existiert, gleichzeitig alle Existenz garantierend. Sie scheint über Gut und Böse, über Hohes und Niedriges. Ihr Seitenstück und Abglanz ist der Mond. Er herrscht über die nachthafte Welt der Gefühle, und dennoch sind auch diese Gefühle mehr in der Sonne enthalten, als dass die bewussten Ich-Kräfte der Sonne auch im Monde enthalten wären. Sonne und Mond sind Geschwister, und dennoch sind sie nicht gleichwertig. Denn der Mond borgt sein Licht von der Sonne, das Umgekehrte ist nicht der Fall.

Damit ist die Sonne auch das Prinzip des Patriarchats, der Herrschaft des Männlichen, des Vaters. Die Sonne wie der Sonnengott sind sterblich. Daher auch das Menschenopfer. Es gibt nur eine Kraft, die der Sonne entgegensteht – ihr eigener Tod. Über diese Polarität ist selbst die Sonne nicht erhaben.

Die absolute Gottheit muss somit unsterblich und nicht-geschlechtlich sein. Dies ist die Sonne nicht. Da aber die menschliche Vorstellung grundsätzlich polar und dualistisch ist, also zum Beispiel über den Gegensatz Licht-Dunkel, Sein und Nichtsein nicht hinwegkommt, bleibt als letztes benennbares Absolutum doch nur das Licht und somit das Sonnenhafte übrig.

Im Judentum wird dieser Tatsache sehr sinnfällig dadurch entsprochen, dass Gott letztlich keinen Namen hat. Jahwe ist der „Ich bin“. Also auch keine Sonne, kein Licht. Der Mensch soll sich kein Bildnis machen von ihm und seinen Geschöpfen.

Doch schon das Christentum konnte diesen Radikalismus nicht mehr beibehalten. Und so wird

Christus doch immer wieder mit dem Licht verglichen, so wie Jahwe als Feuersäule erscheint.

Von den Metallen ist der Sonne das Gold zugeordnet, unter den Edelsteinen entspricht ihr der Diamant. Das Gold spiegelt nicht nur in seinem unvergleichlichen Glanz das Licht der Sonne wider, es ist auch chemisch praktisch unangreifbar und eignet sich zu kunstvollster Verarbeitung. Wie alles wahrhaft Große und Edle ist es äußerst selten. Der Goldpreis ist ein zentraler Faktor der Weltwirtschaft. Es ist das Attribut der Kaiser und Könige, des Reichtums wie der höchsten Heiligkeit.

Der Diamant ist der härteste Stoff, den wir kennen. Er wird in seinem eigenen Staub geschliffen. Über seine Kostbarkeit braucht weiter kein Wort verloren zu werden.

Wir sehen also, dass Sonnen- wie Löwenhaftes nur in Superlativen ausdrückbar ist. Und darin liegt auch die Schwere der Verantwortung, die in diesem Prinzip beschlossen ist. Die Sonne verkörpert das Überich, die bewussten Willensbestrebungen, die das „Es“, das Dunkel-Triebhafte kontrollieren und beherrschen sollen. Wie Helios seine Rosse im richtigen Abstand von der Erde hält, soll das Sonnenprinzip den Menschen mahnen, seine Mitte zu finden, sein Selbst zu erkennen. So ist auch der sonnenhafte Gott Phoebus Apoll der edle und klare Regent der Musik, der abstraktesten und gleichzeitig am meisten zu Herzen gehenden unter den Künsten. „Apollinisch“ ist das edle Maß, der klare Geist.

Das Auge ist der Sonne zugeordnet. „Wär' nicht das Auge sonnenhaft, nie könnt' die Sonne es erblicken. Lebt' nicht in uns des Gottes Kraft, wie könnt' uns Göttliches entzücken?“ schrieb Goethe, dessen Merkur (Wort) im Löwen stand, und der ganz Augenmensch war.

Eines der eindrucksvollsten Naturschauspiele ist eine totale Sonnenfinsternis. Adalbert Stifter hat uns als Augenzeuge eine unübertroffene Schilderung hinterlassen. Die dramatische Wucht eines solchen Ereignisses vermittelt dem Menschen eine Vorstellung von der alles beherrschenden Macht der Sonne. Erst wenn dieses „unheimliche, klumpenhafte Ding“ - der Mond – ihr Licht Zug um Zug wegfrisst, werden wir uns bewusst, wie sehr wir von dieser Lebensspenderin abhängig sind.

Im Übrigen ist es ein paradoxer Ausnahmefall, dass in der deutschen Sprache die Sonne weiblich und der Mond männlich ist. In praktisch allen anderen Sprachen ist es umgekehrt, und dies entspricht auch dem Urempfinden des Menschen. Man mag hier die ersten Ansätze einer Entfremdung von der Natur sehen, oder auch eine Auswirkung der Überbetonung des patriarchalischen Prinzips.

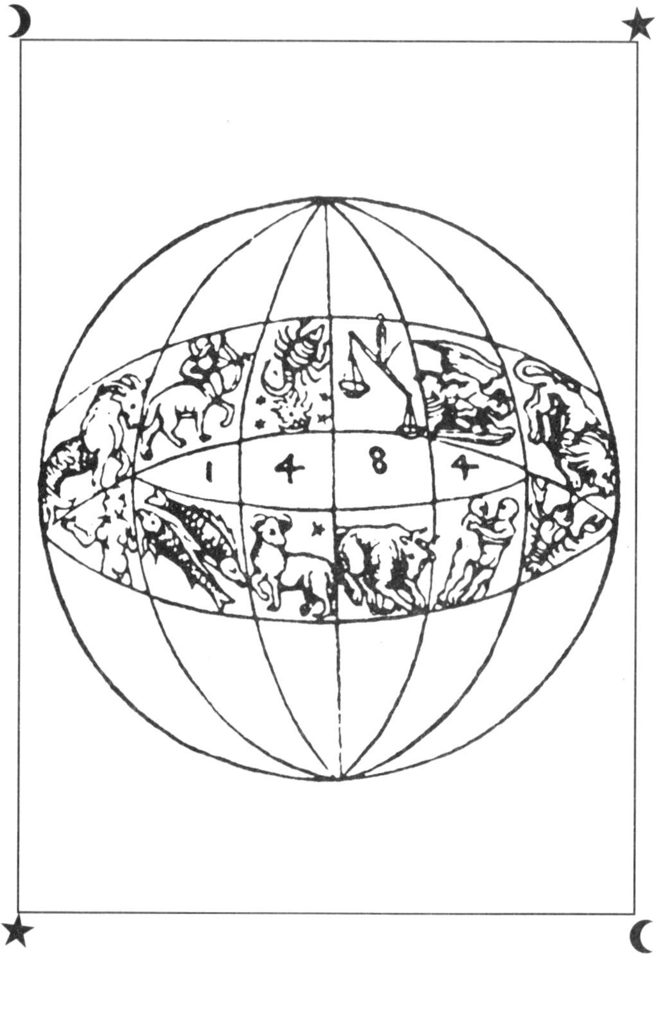
1 4 8 4

„Rotkäppchen und der Wolf“ erzählt von einem Löwen

Es war einmal ein kleines Mädchen, das lebte mit seiner großen Familie auf einem Herrensitz am Lande. Weil es sich gern verkleidete und dabei eine rote Kappe aufsetzte, ein grünes Räuberkleid anzog und sich einen Säbel umgurtete, nannte man es allgemein „Rotkäppchen“, obwohl auch „Grünbäuchlein“ oder „Goldschühchen“ gepasst hätte.

Eines Tages besuchte Rotkäppchen seine Großmutter in ihrem Landhaus hinter dem Schlosspark. Auf dem Weg durch den Park kam sie an einem Wanderzirkus vorbei, der dort seine Zelte aufgeschlagen und seine Geräte aufgestellt hatte. Und weil sie die Rummelplatzatmosphäre liebte und auch noch ein bisschen Taschengeld hatte, kaufte sie sich eine Karte für die Achterbahn und setzte sich frohgemut in einen leeren Wagen. Kurz vor dem Start kam noch ein sonderbar verhüllter Mann zu ihr und setzte sich grußlos einfach neben sie.

„Wer bist du?“ fragte Rotkäppchen, denn sie ließ sich nicht von jedermann begleiten. Ihr Nachbar sah sie durch die dunkle Sonnenbrille mit funkelnden Augen an und nahm plötzlich die Maske vom Gesicht. Dahinter kam ein haariges Antlitz mit spitzer Schnauze zum Vorschein. „Ich bin der Wolf von Amalienburg“, rief der Fremde mit rollender Stimme, „und ich bin gekommen, die Familienschande zu rächen.“

„Aber nicht an mir!“ schrie Rotkäppchen, und dann, als die Bahn schon den ersten Abhang hinabrollte, rief sie laut um Hilfe. „Wir kommen!“ hörte sie plötzlich eine Stimme über sich, und ein Mann in prächtigem Gewand mit rotschwarzem Umhang schwang sich wie Tarzan an einem Seil über all die Gleise in ihre Kabine.

„Gestatten“, sagte er, während er mit der Linken den Säbel gegen den Wolf führte und mit der Rechten Rotkäppchen einen Strauß kräftiger Sonnenblumen überreichte, „ich bin der Graf von Montague, und dort kommen meine Kameraden.“

Aus dem Wagen, der ihnen auf der anderen Seite entgegenraste, sprachen zwei ebenfalls bunt gekleidete, verwegene Gestalten und stürzten sich auf den Wolf.

Der, nicht faul und gar nicht erschreckt, zog eine altmodische Pistole, richtete sie auf den Grafen und – wie? Ich soll euch vormachen, wie sie gekämpft haben? Aber gern. Passt auf!

So ähnlich könnte ein Löwe das bekannte Märchen erzählen. Jedenfalls kommen einige typische Merkmale vor.

Denn Sie haben sicher erkannt, wer dem kleinen Mädchen zu Hilfe eilte. Es waren die drei Musketiere, die von dem Löwe-geborenen Alexandre Dumas geschaffen wurden. Beim Löwen ist alles dramatisch, die Welt eine Bühne, das Leben ein Schauspiel. Je bunter, desto besser. Langeweile, Routine und geistige Öde sind nichts für ihn.

Rummelplätze werden von Löwe-Menschen ebenso geschätzt wie Schlösser und ihre Parks. Rotkäppchen wohnt auch nicht in einem gewöhnlichen Haus, sondern auf einem Herrensitz, also einem kleinen Schloss. Und dass Löwen überlegen und galant sind, versteht sich von selbst. Sonnenblumen sind in ihrer Größe und Leuchtkraft übrigens typisch für dieses Zeichen, welches das Majestätische liebt.

Ob die Kinder viel zum Schlafen kommen, ist die Frage. Aber sie leben diese Art des Märchens sicherlich mehr als die Originalgeschichte.

Auf den folgenden Seiten erfahren Sie noch mehr über dieses Zeichen.

Der Löwe und sein Charakter

In diesem königlichen Zeichen das Licht der Welt erblickt zu haben, ist ein großes Geschenk und eine große Hypothek zugleich.

In ihrem Herrschaftszeichen schenkt die Sonne ein gehöriges Maß an Vitalität, Widerstandskraft und Selbstbewusstsein. Der typische Löwe schreitet einher wie das blühende Leben an sich. Er schreitet – das Wort ist wohlgewählt, denn dies ist die Art, wie Majestäten sich zu bewegen geruhen.

Seine Gesichtsfarbe ist gesund und oft rosig. Sein Haupthaar gleicht der Löwenmähne, oft ist es blond und gewellt. Sein Wuchs ist meistens stattlich, die Stirn ist ziemlich breit und hochgewölbt. Der Körperbau ist athletisch, die Stimme geradezu priesterlich, tief und würdevoll. Legte man ihm ein Ornat an und setzte ihm eine Krone aufs Haupt, er würde wirken, als hätte er nie etwas anderes getragen.

Es gibt Löwen, die scheinbar und auf den ersten Blick kaum eine von all diesen imposanten Eigenschaften aufweisen. Doch beobachtet man sie etwas genauer, so wird man bald merken, dass sie dieses Idealbild offensichtlich in ihrem Inneren tragen und immer wieder Signale davon an die Außenwelt senden.

Wenn der Löwe in eine Gesellschaft eintritt, wirkt es, als ginge die Sonne auf. Er strahlt eine Herzlichkeit aus, die die Gemüter erwärmt, und er wirkt auf irgend eine Weise immer imponierend.

Es ist etwas Merkwürdiges um seine vitale Ausstrahlung. Selbst wenn er krank ist und sich elend fühlt, kann ihm dies seine Umgebung nur schwer abnehmen.

Man mag es am Schreiten erkennen, an dem Umstand, dass er nicht zuhört, sondern Audienz gibt, dass er nicht spricht, sondern eine Ansprache hält:

Der Löwe ist von dem Bewusstsein durchdrungen, etwas Außerordentliches zu sein und von Rechts wegen Vorzüge beanspruchen zu dürfen.

Und das ist nun die Hypothek, mit der er schon auf die Welt kommt. Denn die Gesellschaft fragt ja nach Leistungen, nach Qualifikationen oder nach Titeln und Empfehlungen. Doch auch, wenn der Löwe nichts von alledem mitbringt, er tritt auf, setzt sich in Szene und beansprucht den Platz in der Mitte des Geschehens.

Es kommt nun nicht selten vor, dass diese unbewusste Taktik Erfolg bringt. Das gewinnende und sympathische Wesen des Löwen, gepaart mit dem selbstsicherem Auftreten, lässt ihm im Nu alle Herzen zufliegen. Er macht schneller als andere Karriere und muss sich dazu auch gar nicht allzu sehr anstrengen.

Es ist aber auch ebenso oft der Fall, dass ihm seine Ansprüche zum Verhängnis werden. Denn es fehlt ihm etwas, was zum Vorwärtskommen mindestens ebenso unerlässlich ist, wie Selbstbewusstsein: nämlich die Schlauheit, die Schwächen seiner Mitmenschen auszunützen, die taktischen Winkelzüge, die manchmal notwendige gespielte Bescheidenheit. Das kommt aber daher, dass er sich so im Besitz der Macht wähnt, dass er es gar nicht nötig hätte, etwas zu verbergen. Dadurch verhält er sich nur allzu leicht äußerst naiv. Im kleinen, bürgerlichen Alltag, im rauen Existenzkampf muten aber solche Eigenschaften nur allzu oft bloß lächerlich an und wirken sich äußerst nachteilig aus.

So kommt es, dass der Löwe, der doch eines der anspruchsvollsten Wesen ist, manchen Vorteil fahren lässt, weil er in seiner Großzügigkeit meint, doch darauf nicht angewiesen zu sein und eine solche Kleinigkeit doch leicht einem anderen überlassen zu können. Da nun aber das Herrscherprivileg meist nur ein psychologisches, um nicht zu sagen, eingebildetes ist, selten aber ein reales und materielles, eckt der Löwe zunächst bloß an, wirkt komisch und verpasst seine Chancen.

Nun aber kommt das Merkwürdigste. Die Einbildungskraft vermag nämlich vieles. Und der Löwe besitzt dazu tatsächlich „Löwenkräfte". Sobald er merkt, dass er „de facto" ins Hintertreffen geraten ist, erbringt er herkulische Leistungen, ja er kann sogar eine gewisse Durchtriebenheit entwickeln. Und staunend gewahrt alsbald seine Umgebung, dass sie sich doch in ihm getäuscht hat. Er ist eben nicht jener harmlose, bequeme

Typ, für den sie ihn so lange gehalten hat, sondern ein Raubtier, und ein kapitales noch dazu. Man steht dann immer wieder vor dem Phänomen, das bisweilen auch in Tiergärten verhängnisvolle Folgen zeigt:

Da hat schon mancher geglaubt, man könne Löwen durch die Gitterstäbe hindurch streicheln, nur weil sie doch gar so schläfrig daliegen und ein so kuscheliges Fell haben. Und dann muss die Ambulanz kommen.

Dasselbe Verhalten kann auf den Löwen unter den Menschen übertragen werden. Und auch das Verhalten der Geschlechter ähnelt dem der Löwen im Tierreich.

Hier wie dort ist nämlich das weibliche Wesen das aktivere. Die Löwin zieht auf Raub aus, der Pascha lässt sich verwöhnen. Was aber nicht heißt, dass er, wenn Not am Mann ist, nicht auch kämpft und einen erfolgreichen Jäger abgibt. Aber es muss schon dafürstehen. Der menschliche Löwe-Mann erscheint also oft träge und ungefährlich.

Die Löwe-Frau lässt uns nicht so leicht über ihre Kämpfernatur im Unklaren. Weshalb sich Löwe-Frauen paradoxerweise in unserer Gesellschaft leichter und ohne lange Umwege durchsetzen.

Beim Löwen im Allgemeinen und wenn er seinen Platz und sich selbst gefunden hat, paart sich Würde mit Herzlichkeit. Er kann maßlos arrogant wirken. Und dennoch hat diese Protzerei etwas

Liebenswertes an sich, denn sie ist im Grunde keine; sie wirkt bloß oberflächlich betrachtet als solche, denn Aufwand und Luxus entsprechen seinem natürlichen Wesen; daher seine Herzlichkeit, bei allen Äußerlichkeiten.

Der Löwe ist kein Blümlein, das im Verborgenen blüht. Bei ihm verlangt der innere Wert, nach außen hin sichtbar und repräsentativ zu werden. Daher schätzt dieses Zeichen Titel und Orden. Es gibt Löwen, die behaupten, keinen Wert auf dergleichen Firlefanz zu legen. Man glaube ihnen nicht. Jeder Löwe legt Wert auf den äußeren Ausdruck gesellschaftlicher Anerkennung. Und das sind Titel und Ehrenzeichen nun einmal.

Aber wenn der Löwe gelernt hat, durchtrieben zu sein, weiß er natürlich, dass es nicht ratsam ist, solchen Hunger nach Äußerlichkeiten zuzugeben, denn sie werden ihm als Schwächen ausgelegt. Tatsächlich zählt in unserer Zeit Geld mehr als Ehre, daher wirkt das Verlangen nach Ehrung oft komisch, das Verlangen nach Geld aber keineswegs. Kluge Löwen passen sich äußerlich diesen Verhältnissen an.

Innerlich aber sind sie Idealisten bis ins Mark. Das drückt sich in ihrer Einstellung zum Geld aus. Wenn sie es haben, dann nicht des Besitzes wegen, sondern um des Eindrucks willen; daher die scheinbare Protzerei. Wer nach außen hin glänzen will, ist im Grunde kein Materialist. Er ist vielleicht Egoist – der Löwe ist das zweifellos –, aber dieser Egoismus hat sehr ideelle Aspekte. Es geht dem Löwen um die Macht, keine Frage.

Aber es ist eine Macht wie die der Sonne, an der man sich wärmen kann. Daher ist der Löwe Idealist und Machtmensch zugleich. Er wirft das Geld mit vollen Händen unter die Leute, auf dass man seine Großzügigkeit preise. Er behängt sich mit Gold und Diamanten, aber er macht dergleichen auch mit Freude großzügige Geschenke. Immer läuft er dabei Gefahr, ausgenützt oder das Opfer seiner Verschwendungssucht zu werden.

Viele Löwen stecken daher bis zum Hals in Schulden. Verschlägt es sie in ein Spielcasino, dann ist es um sie geschehen. Denn ihr instinktives Vertrauen auf die Gunst des Schicksals macht sie nur zu leicht zu „Hasardeuren". Vernünftiges Kalkül müssen Löwen immer erst lernen, in die Wiege haben sie es nicht gelegt bekommen. Der idealistische Egoismus ist die Wurzel seiner sozialen Neigungen.

Der Löwe ist auch nur so weit für Gerechtigkeit, als diese seine Oberherrschaft nicht antastet. Daher hat seine Freigiebigkeit immer etwas Stolzes, seine Güte immer etwas Herablassendes an sich.

Man muss das gesamte Verhalten des Löwen von der einen psychologischen Grundtatsache herleiten, dass er meint, sich nichts zu vergeben. Das geht für ihn so lange gut, als er sich wirklich nichts vergibt, es wird peinlich, vergibt er sich doch etwas.

Der Löwe ist auch genusssüchtig. Seine Vitalität verlangt einiges und hält auch viel aus, doch sollte er im Lauf seines Lebens doch ein wenig auf Mäßigung achten.

Alle diese Eigenschaften bringen es mit sich, dass sein Lebenslauf oft gewaltige Höhen und Tiefen aufweist. Manche Vertreter dieses Zeichens, die es nicht geschafft haben, mit der inneren Majestät zu Rande zu kommen, sacken bis in die hinterste Gosse ab.

Und dennoch – ihr Königtum ist keine falsche Münze. Entweder werden sie Könige unter den Clochards oder sie fangen sich wieder und treten einen wahren Siegeszug an die Spitze der Gesellschaft an. Es gibt unter diesem Zeichen keinerlei Mittelmaß.

Unsere Zeit begünstigt den Löwecharakter, zum Teil aber benachteiligt sie ihn. Begünstigt ist das allgemeine Prestigedenken: Wo Statussymbole zählen und Imponiergehabe zum Ziel führt, wirken sich die extrovertierten Löwe-Eigenschaften förderlich aus.

Die Offenheit aber, die Neigung, sein Herz auf dem Präsentierteller vor sich herzutragen, der offen geäußerte Machtanspruch sind die wahren Fallstricke auf seinem Weg zum Erfolg.

Kurz gesagt: Man kauft dem Löwen zwar seinen Egoismus ab, nicht aber seinen Idealismus.

Oft erst im Laufe seines Lebens, bisweilen recht spät, gelangt er dorthin, wo er seiner innersten Bestimmung nach hingehört: an die Spitze eines unangefochtenen Machtbereichs, auf den Thron eines souveränen Königreiches, und sei es auch noch so klein. Von seiner Höhe herab und mit einer schlagkräftigen Streitmacht im Hintergrund widmet er sich dann ganz seiner Lebensaufgabe, ein milder Herrscher zu sein.

Bei keinem Löwen, säße er nun schon auf seinem Thron oder sei er erst Thronanwärter, sollte man Herzlichkeit mit Gefühlstiefe, Milde mit Altruismus (Selbstlosigkeit) verwechseln. Er ist nicht berechnend, aber deshalb noch lange nicht anspruchslos. Solche Verwechslungen kommen recht häufig vor. Sie treffen den Löwen mit Sicherheit an seinem wundesten Punkt: seinem Stolz. Er hat ein ausgeprägtes Gefühl für Machtfragen. Darum interessiert er sich auch so für Politik. Doch auch im privaten Bereich beschäftigt es ihn sehr, mit fremdem Machtanspruch fertig zu werden und den eigenen durchzusetzen. Dabei kann es gerade bei diesem Zeichen des stärksten Selbstbewusstseins dazu kommen, dass es Minderwertigkeitskomplexe entwickelt.

Von diesen war bekanntlich auch der Löwe Napoleon keineswegs frei, und sie waren es wohl zu einem gewissen Teil, die ihn zu dem antrieben, wovon die Geschichtsbücher voll sind. Da der Löwe der Mächtigste sein will, stört es ihn ungemein, wenn ihm fremde Mächte in die Quere kommen: Ist er nicht der Größte, so fühlt er sich auch schon als der Kleinste und Unbedeutendste. Er verliert dann leicht jedes Augenmaß für seine relativen Werte.

Das macht ihn für Schmeicheleien anfällig. Man sollte es kaum für möglich halten, was er an Komplimenten verträgt. Nur schwer durchschaut er Falschheiten und berechnende Absicht. Wenn sich Naivität mit Begeisterungsbereitschaft (nicht zuletzt für sich selbst) verbindet, kommt das heraus, was man als typisches Eheschicksal des Löwen bezeichnen könnte. Er unterliegt oft dem Zauber einer attraktiven Körperlichkeit, oder auch andererseits der Schmeichelhaftigkeit, selbst begehrt zu werden, und stürzt sich so Hals über Kopf in eine Beziehung, von der ihm dann bald nur noch die Kinder oder die Alimente bleiben.

Viele Löwen sind oftmals geschieden. Dabei ist für sie eine Familie sehr wichtig. Eben darum versuchen sie es immer wieder. Aber sie kommen im Grunde nur mit einem Partner aus, der ihren Herrschaftsanspruch anerkennt und dabei selbst eine Persönlichkeit ist. Das ist selten.

Der Löwe kann sich nur schwer oder eigentlich gar nicht anpassen. Man hat sich ihm anzupassen, und wenn einem das nicht gefällt, so ist man des Löwen eben nicht würdig.

Man darf auch nicht seinen Hang zur Pathetik belächeln; dieser Hang entspricht jenem der Titelsucht. Beides mag etwas aus der Mode gekommen sein, aber das sind Könige ja auch, oder? Er trägt eben alles allzu deutlich vor sich her.

Der Löwe liebt Szenen und Auftritte. Das bissige Wort Nestroys: „Einen Gang hat sie als wie eine Prozession, die aus einem einzigen Menschen besteht“, könnte auf eine Löwin gemünzt sein. Kein Löwe macht Besuch, sondern er gibt sich die Ehre. Er sitzt auch bei sich zu Hause nicht mit anderen beisammen, sondern hält Hof.

Sein Zorn ist furchtbar. Er ist ein Choleriker, aber ein würdevoller. Man hat seine Ausbrüche mit gebührendem Erschrecken und tunlichst unter Zerknirschung entgegenzunehmen. Sollte man lachen, so hat man es sich mit ihm ausgiebig verscherzt. Es ist ja wahr, der Jähzorn der Löwen wirkt manchmal komisch, aber glauben Sie ja nicht, dass er das auch so findet.

Kultiviert der Löwe diese Eigenschaften, so kann daraus ein beträchtliches komisch-theatralisches Talent erwachsen. Das ist immer nur eine Frage der Selbstreflexion. Auch Löwen, die schauspielerisches Talent nicht in die Wiege gelegt bekommen haben (obwohl diese Gabe bei ihnen recht häufig ist) entwickeln im Laufe ihres Lebens eine gewisse Mimikry, unter der sie ihr pathetisches und zu Ausbrüchen neigendes Wesen verbergen. Sie forcieren dann bewusst und gespielt bestimmte Infantilismen, drollige Ausdrucksweisen oder komische Gesten und werden durch diese kontrollierte Übertreibung unangreifbar.

Wer sich dennoch über die wahre Natur dieser scheinbaren Umgänglichkeit täuscht und zudringlich wird, bekommt alsbald die Pranke des Löwen zu spüren. Und die ist dann gar nicht mehr drollig.

Der Löwe liebt es nicht, die zweite Geige zu spielen. Er möchte bei allem, woran ihm gelegen ist, der Erste und der Mittelpunkt sein. Es liegt ihm weder die Rolle des Intriganten im Hintergrund noch die der grauen Eminenz. Er ist die strahlende Exzellenz oder gar nichts. Fühlt er sich in den

Hintergrund gedrängt, so wendet er oft folgende Taktik an: Er schmollt so theatralisch und ausgiebig, dass es bald jeder merken muss und ihm seine Aufmerksamkeit zuwendet. Und so steht er dann doch dort, wo er hinwill: im Brennpunkt des allgemeinen Interesses nämlich.

Obwohl sie in ihrem Stolz so verletzlich sind, vertragen die Löwen ansonsten schon allerhand. Im Gegenteil: der zumeist eher zur Trägheit neigende König wird erst durch außergewöhnliche Belastungen und Schicksalsschläge zu herkulischen Leistungen fähig. In Situationen, wo andere verzagen, erweist er erst die ganze gewaltige Energie, die seinem Zeichen zu Eigen ist.

Der Geschmack des Löwen ist nicht gerade von ätherischer Art. Er liebt kräftige Farben, harte Kontraste, eindrucksvolle Äußerlichkeiten. Alles muss bei ihm groß dimensioniert sein. Sein Haus sollte einem Palast gleichen, sein Auto einer Staatskarosse, seine Kleidung einem Prunkornat. Eindruck ist ihm alles.

Es gibt auch Löwen, die auf solche Äußerlichkeiten scheinbar verzichten, aber auch sie halten sich irgendwo ausgiebig schadlos. Bei jedem Löwen findet man ein Gebiet, auf welchem er exzessiv seinen Herrscherallüren frönt. Das kann seine Familie sein oder der Arbeitsplatz, ein Verein oder eine luxuriöse Wohnung, eine Sammlung oder die Neigung, in Nobelrestaurants speisen zu gehen. Nicht ohne Grund trägt eine Vereinigung hochpotenter Wohltäter den Namen „Lions Club“.

Doch dass er ein Raubtier ist, bemerkt man – in sublimierter Form – unter anderem daran, dass er durchaus Gefallen findet an allerhand drastischen Scherzen, brutalen Darbietungen wie Box- oder Freistilringkämpfen und auch am Humor schwärzester Sorte. Man sollte ihm seine unleugbare Bequemlichkeit nicht vorhalten. Denn wie die Raubkatze braucht er seine ausgiebigen Ruhepausen, um Kraft für seine großen Taten zu sammeln.

Unter diesen Voraussetzungen besitzt der Löwe, wie es seinem Zeichen entspricht, ein Herz aus Gold, und Groß und Klein kann sich an seinem sonnigen Gemüt wärmen.

Der Löwe im Beruf

Der ideale Beruf für den König der Tiere ist zweifellos der des Regenten selbst. Doch da hier Möglichkeiten und Auswahl einigermaßen beschränkt sind, muss man nach einem Ersatz Ausschau halten. Klarerweise bieten sich hier die Direktion eines Betriebes an, die Leitung eines Amtes und jede Art von Repräsentation.

Hierbei liegt die Betonung allerdings mehr auf der Repräsentation als auf ständiger Umtriebigkeit, ohne die eine leitende Persönlichkeit heute ja schwer auskommt. Nicht der Löwe bewegt sich, sondern die anderen kommen zu ihm.

Dass es dennoch auch heute in den höheren Etagen relativ viele Löwen gibt, liegt vor allem daran, dass man an der Ausstrahlung seiner Persönlichkeit, an seiner Fähigkeit, einen Kristallisationspunkt für alles Mögliche zu bilden, schwer vorbei kann. Auch sein Charme und sein imposantes Äußeres tragen dazu bei. Man kann beim Löwen im Allgemeinen folgende Prognose wagen: entweder er verlässt den Betrieb sehr bald aus Mangel an Anpassungsfähigkeit, oder er steigt rasch bis in die höchsten Höhen auf.

Natürlich drängt es den Löwen zur Selbstständigkeit. Da er sich so schwer unterordnen kann, sucht er sich oft sehr bald einen Beruf, wo er sein eigener Herr sein kann. Er kann in untergeordneten Tätigkeiten nur dann verweilen, wenn ihm niemand dreinredet, wenn man von vornherein mit ihm zufrieden ist. So etwas ist natürlich nur in einem Klima absoluten Vertrauens möglich. Und auch dieses braucht der Löwe. Er würde es als schwere Kränkung empfinden, wenn jemand seinen ehrlichen Arbeitswillen anzweifelte und ständig nachschnüffeln käme.

Manche Löwen haben sich solcher Art auch in so genannten unselbstständigen Tätigkeiten oder auch in unscheinbareren Regionen ein kleines Imperium geschaffen, das nur sie alleine verwalten, und wo sie ihr eigener, wenn auch unernannter Chef sind. In ihrem Herzen brennt der Hunger nach Größerem, Höherem, nach öffentlicher Anerkennung, nach Verdienstkreuz und Lorbeer.

Am wohlsten wird sich der Löwe in Berufen fühlen, die mit seinen Analogien zu tun haben. Bei diesen Berufen ist es nicht einmal so wichtig, wie selbstständig er sie ausübt. Er würde zum Beispiel einen prächtigen Goldschmied oder Juwelier abgeben. Jede Art von Tätigkeit bei der Goldgewinnung, in Diamantenschleifereien, als Kustos einer Schatzkammer und dergleichen wird den Löwen anziehen.

Eine weitere Analogie des Löwezeichens ist die Vergnügungsindustrie und alle Dienstleistungen, die mit Spiel und Vergnügungen zusammenhängen. Er wird sich auf Jahrmärkten und Rummelplätzen wohl fühlen, in Casinos und Spielhallen, in Luxusrestaurants und -hotels.

Selbst in einem weiteren Sinne wird ihm alles Erfolg bringen, was mit seinen Analogien in Zusammenhang steht.

Es kann sein, dass jemand, der keine Beziehung zum Gold oder zum Glücksspiel, zu Diamanten oder zum Rummelplatz hatte, doch in einem Beruf landet, der mit einem dieser Bereiche zu tun hat, scheinbar zufällig und vielleicht sogar zunächst wider Willen – und doch wird er sich dann in einem solchen Beruf entfalten können, wenn er im Zeichen des Löwen geboren ist.

Meist wird ihm dann in solchen Berufen früher oder später jenes typische löwenhafte Arbeitsklima zuteil, das er braucht, um seine volle Leistungskraft zu entfalten.

So arbeitet der Löwe nicht gern mit Werkzeugen, die nicht von der wertvollsten und gediegensten Art sind. Er sitzt nicht gerne an kleinen und schäbigen Schreibtischen. Die Büroausstattung muss die teuerste und aufwendigste sein, Perserteppiche und kostbare Ziergegenstände haben ein Arbeitszimmer zu schmücken. Ein Chef wird nichts von einem Löwe-Angestellten haben, dem er einen wackeligen Schreibtisch und eine vorsintflutliche Schreibmaschine hinstellt. Er wird aber auch wenig erwarten können, wenn er ihm lediglich Brauchbares zur Verfügung stellt. Nein, es muss das Kostbarste sein, was er zur Verfügung hat. Dann ist der Löwe halbwegs zufrieden, vorausgesetzt, dieses Kostbarste übertrifft den Standard bei weitem.

Desgleichen sollte man immer bedenken, dass der Löwe-Angestellte weniger durch Tadel und Kritik, als durch Lob und Anerkennung zu Höchstleistungen angespornt wird. Was andere dazu verleiten mag, sich gehen zu lassen, steigert den Stolz des Löwen und damit sein Verantwortungsgefühl.

Es ist auch tatsächlich so, dass er eine leitende Aufgabe selbst dann einer untergeordneten vorzieht, wenn diese mit finanziellen Vorteilen verbunden ist. Auch ist er in einem Verein lieber ehrenamtlicher Vorsitzender als bezahlter Sekretär. Dies ist eine Folge seines idealistischen Egoismus.

Es gibt auch relativ viele Löwen im Priesterstand. Hier ist es sicher nicht in erster Linie das Mönchisch-Asketische, sondern das Weihe- und Würdevolle, was sie anzieht. Vorstand einer Gemeinde zu sein, kostbare Gewänder, das Palastartige des Kirchenraumes, die Predigt, der alle lauschen, das ist des Löwen Reich.

Der Löwe eignet sich zum Erzbischof, zum Kardinal, zum Papst. Freilich betont er dabei das weltliche Element, er ist der Kirchenfürst „par excellence“.

Doch sei es in einem hohen geistlichen oder weltlichen Amt, als Fürst der Kirche oder eines Landes, er wird kaum ein Despot sein. Hat er einmal die oberste Sprosse erreicht, so ist Milde und Toleranz sein Hauptbestreben. Selbst die gigantische Raubkatze Napoleon, die sich – was bezeugt ist – am Blute der Gefallenen berauschte, hatte doch letztlich ein sehr liberales Staatsideal.

Der Löwe an leitender Stelle ist mehr der Patriarch als der Manager. Sein organisatorisches Talent besteht wesentlich in der Gabe, einen Mittelpunkt für jede Gemeinschaft zu bilden und Trabanten um sich zu scharen.

Vieles geht in diesem Zeichen ganz von selbst und nach der Art des organischen Wachstums vonstatten. Die Leistungen, die der Löwe erbringt, wirken bei aller herkulischer Gigantomanie niemals forciert oder abgerungen, sondern erscheinen wie selbstverständlich, ja zumeist geradezu spielerisch.

Das Maß, wie sehr eine Gesellschaft wirklich leistungsorientiert ist, bestimmt sich geradezu nach der Quantität des in ihr vorhandenen Löwe-Einflusses.

Die politischen Neigungen des königlichen Zeichens sind liberal, aber nicht antiautoritär. Geht der Löwe in die Politik, so vertritt er meist das Recht des Individuums gegenüber anonymen Apparaten.

Er ist bemerkenswert tolerant und keineswegs von irgendeiner fixen Idee besessen. In seiner Großzügigkeit lässt er auch gegnerische Meinungen gelten. Er hat starke soziale Ambitionen, verachtet aber zutiefst gleichmacherische Tendenzen. Wie der Sonne geht es ihm darum, nicht irgendein einseitiges Prinzip durchzusetzen, sondern die Strahlen seiner mächtigen Persönlichkeit allen verschiedenen Existenzformen zukommen zu lassen.

Besonders Frauen im Zeichen des Löwen machen überdurchschnittlich oft Karriere. Man findet unter ihnen viele arrivierte Geschäftsfrauen, Unternehmerinnen, Regiseurinnen, Politikerinnen. Die Kraft ihres Zeichens bringt sie von früher Jugend an dahin, Rollenbilder zu überwinden, herkömmliche Klischees abzulehnen. Die Löwe-Frau ist zweifellos noch aktiver als der Löwe-Mann. Sie ist die eigentliche Kämpferin. Ihr ist gleichermaßen die ganze Herrschernatur dieses Zeichens zu Eigen, weshalb man ihr als Chefin häufig Herrschsüchtigkeit nachsagt. Doch dies kommt im Grunde nur daher, dass sie so positiv männliche Charakterzüge verkörpert, die man traditionellerweise ihrem Geschlecht nicht zubilligt, und die sie auch immer wieder aufs Neue unter Beweis stellen muss. Dabei ist die Löwe-Frau keineswegs unweiblich, sondern hat starke mütterliche Instinkte und ist zumeist eine edle, faszinierende Schönheit. Was wunder, wenn sie, mit solchen Vorzügen bedacht, so manche Männer einfach an die Wand spielt.

Dass der ideale Beruf des Löwen nicht nur der des Königs, sondern auch der des Herkules ist, sehen wir an der „Österreichischen Eiche“ Arnold Schwarzenegger.

Der Löwe in der Freizeit

Urlaub:
Sie brauchen einen Urlaub, der einem König wie Ihnen angemessen ist. Wo, ist eigentlich egal, aber das „Ambiente", die soziale Umgebung also, muss stimmen. Wie wär's mit einem Aufenthalt in einem Kurbad? Tagsüber liegen Sie faul in der Sonne, wie der echte Löwe in der Steppe. Und abends gehen Sie dorthin, wo was los ist: ins Casino beispielsweise, ins Kurkonzert (natürlich in entsprechender Abendkleidung) oder zu einem Ritterspiel auf der Freilichtbühne.
Im Ernst: Königliche Umgebungen sind das Richtige für Sie. Eine Reise durch ehemalige Ritterlandschaften mit Besichtigung der alten Schlösser, Burgen und Paläste – das wäre zwar kein Bildungsurlaub (den brauchen Sie nicht), wohl aber etwas für das Gemüt.

Natürlich tut's auch eine Kreuzfahrt auf einem Luxusdampfer durch südlich-sonnige Meere. Hauptsache, man wird gut bedient und sitzt neben dem Käpt'n.

Hobbys:
Sport ist etwas Gutes für den energievollen Löwen. Es sollte aber einer sein, bei dem man sich nicht zu sehr anstrengen muss, und wo man außerdem das Leben in großzügiger und ästhetischer Umgebung genießen kann.

Skifahren wäre so etwas. Tagsüber genießen Sie die Sonne im Liegestuhl, abends vergnügen Sie sich in angenehmer Gesellschaft in der Disco oder beim „Après Ski“.

Auch beim Golf trifft man die richtigen Menschen. Keine gehetzten und ehrgeizigen Leute, sondern Menschen mit Stil.

Natürlich könnten Sie auch die besseren Restaurants Ihrer Heimatstadt erforschen. Wenn Sie sich's nicht leisten können, macht nichts. Einer muss ja großzügig sein, und die Wirte und Kellner wollen auch leben. Auch Museen bieten einiges, desgleichen Kunstgalerien, Vernissagen und Tanzveranstaltungen.

Ins Theater und Konzert gehen Sie natürlich auch gern, jedenfalls dann, wenn man sich dabei festlich kleiden kann. Und bei Ihrer natürlichen Begabung für alles Dramatische bietet sich auch ein Nebenjob als Fremdenführer an. Die Leute werden an Ihren Lippen hängen, wenn Sie ihnen auf Ihre unnachahmliche Weise das Schicksal des letzten Lokalfürsten vorzelebrieren. Auch wenn's nicht stimmt, was Sie da sagen, was tut's. Hauptsache, den Leuten gefällt es.

Aber warum nicht gleich auf die Bühne? Vielleicht nimmt man Sie bei einer Laien-Schauspieltruppe auf oder Sie werden Showmaster in einer Folklore-Truppe. Oder aber Sie lesen Dramen, besuchen Zirkusse und managen Revue-Girls. Die Welt des Show-Business steht Ihnen offen!

Der Löwe und seine Gesundheit

Eigentlich traut man diesen energiestrotzenden Wesen kaum zu, dass sie jemals krank werden. Doch auch ein Löwe ist nur begrenzt belastbar. Aber das merkt er selber meist zu spät. Pflichtbewusstsein, Würde und eine aufrechte Haltung kann man nicht die ganze Zeit leben. Irgendwann will auch ein so energiereiches System, wie es der Körper des Löwen im Allgemeinen darstellt, seine Ruhe.
Und weil die Löwen oft das Leben mit so viel Würde tragen und ertragen, erwischt es sie am Kreuz und später auch anderswo.

Glücklicherweise werden Löwen als Sonnenwesen auch wieder leicht gesund. Sie müssen nur einsehen, dass ihr Organismus jetzt einfach Ruhe braucht. Bettet man sie königlich und behandelt man sie als das, was sie sind – nämlich Könige –, dann steht einer vollständigen Gesundung nichts im Wege.

Die Krankheiten des Löwen

Dem Zeichen Löwe untersteht die Gegend um das Herz, der Kreislauf und das Rückgrat. Dort werden sie auch am ehesten krank. Herzfehler, Herzflattern, Kreislauferkrankungen mit ihren Folgen (z. B. Schwindelanfälle, aber auch Krampfadern) sind typische Löwe-Leiden. Auch Hexenschuss und Arterienverkalkung treffen ihn besonders. Schließlich sind auch noch die Augen als typische Sonnen-Organe gefährdet.

Rückenschmerzen sind ein häufiges Symptom bei diesem edlen Tier. Das Kreuz wird steif, das Rückgrat hält die Last der Krone (bildlich gesprochen) nicht mehr aus. Anstatt sich zu schonen, erhalten viele Löwen weiterhin die Maske unantastbarer Würde aufrecht, obwohl sie am liebsten wie ein Säugling heulen und sich an eine starke Brust kuscheln würden. Aber es gibt keine stärkere Brust als die eigene.

Alle akuten Krankheiten überwindet der Löwe leicht, aber Chronisches macht ihm zu schaffen. Zu sehr ist er in seinen Verhaltensweisen fixiert, und das überträgt sich auf die Krankheiten. Denn der Löwe neigt dazu, seine Schwächen zu verbergen oder mit schnellwirkenden Medikamenten zuzudecken.

Was der Löwe für seine Gesundheit tun kann

Angemessene Lebensweise:
Jede einseitige Lebensweise ist schlecht. Löwen sollten sich nicht zu viel zumuten und auch mal zugeben, dass sie nur Menschen wie du und ich sind. Sie können sich und anderen ruhig mal eingestehen, dass sie auch Minderwertigkeitsgefühle haben und nicht alles schaffen. Und Erholung ist auch für den Stärksten wichtig.

Außerdem sollten sie sich nicht zu sehr um die Beachtung ihrer Autorität bemühen. Normalerweise werden sie ohnedies wegen ihres strahlenden Wesens anerkannt. Wenn das einmal nicht geschieht, ist es noch kein Zeichen von Majestätsbeleidigung.

Auch wissen Löwen nicht nur alles genau, sie wissen es meist auch noch besser. Doch vielleicht haben die anderen auch mal recht? Hochmütige Arroganz oder verachtungsvolle Intoleranz tun auch der eigenen Seele nicht gut. Denn sie schaffen Distanz, und Isolation von der Umwelt ist auf Dauer schlecht.

Löwen sollten ihre Krankheiten oder Wehwehchen nicht ignorieren und mit männlicher/fraulicher Würde über solche Kleinigkeiten hinwegsehen. Und sie sollten die Ratschläge ihres Arztes befolgen. Ein König nimmt zwar keine Befehle entgegen, aber vielleicht hört er auf die Stimme der Vernunft.

Ernährung:
Löwen lieben „Löwe-Mahlzeiten“. Inhalt und Menge sind nicht so wichtig, Hauptsache – die Umgebung stimmt. Ein großzügiges Mahl in der Früh kann auch nicht schaden. Aber abends wird die Sache kritisch. Besonders dann, wenn dem Löwen/der Löwin ein körperlicher Ausgleich fehlt.

Richtig dick werden die Löwen ja nicht, wohl aber „stattlich“. Und so etwas kann Herz und Kreislauf belasten oder auch das Selbstbewusstsein senken. Beides nimmt besonders den König der Tiere mit.

Löwen sollten daher auf eine ausgeglichene und nicht zu fett- oder kohlenhydratreiche Nahrung achten. Und nicht zu viel auf einmal!

Therapien:
Der Löwe lebt durch seinen Körper, darum tut ihm alles gut, was direkt auf den Körper einwirkt.

Dazu gehören Massagen ebenso wie Wasseraufgüsse und Bäder, aber auch körperorientierte Therapien wie Bio-Energetik, Gymnastik, Bestrahlungen, Sonnenbäder und Spaziergänge in frischer Luft.

Akupunktur, Akupressur und orthopädische Verfahren helfen bei Rückenmarksleiden.
Das homöopathische Heil- und Universalmittel für den Löwen ist Magnesium phosphoricum. Als Tabletten in der Potenz D6 ein- bis dreimal täglich regelmäßig genommen, kann es Wunder wirken.

Der Löwe als Kind

Die Wissenschaft will herausgefunden haben, dass im August geborene Kinder zu den vitalsten und lebenskräftigsten gehören. Sie benötigen für diese Erkenntnis wahrscheinlich weder Forschung noch Statistik. Sie brauchen Ihr Löwe-Baby nur genauer anzusehen!

Es ist ein Kind der Sonne, die seinen Abschnitt des Tierkreises beherrscht und die in ihm ihre ganze Kraft offenbart. Schon sein Lächeln zeigt es; es ist strahlend und sonnig – einfach hinreißend!

Es ist eine merkwürdige Sache um so ein Löwe-Baby und sein Lächeln. Sie werden feststellen, wenn Sie Ihre Verwandten und Bekannten beobachten. Es scheint alle in seinen Bann zu ziehen, und wie die Trabanten um unser Tagesgestirn scharen sie sich um die Wiege des neuen Erdenbürgers und zollen ihm ihre Bewunderung. Er genießt es sichtlich, im Mittelpunkt des allgemeinen Interesses zu stehen. Er sprüht vor Heiterkeit, schaut kreuzfidel drein und schnurrt wie ein zufriedenes Kätzchen.

Doch wehe, wenn die Aufmerksamkeit sich von ihm abwendet. Dann ist es auch vorbei mit seinem bestrickenden Charme. Äußerst uncharmant und ungnädig beginnt er zu brüllen.

Lautstärke und Dauer dieses Konzerts zerren fraglos an Ihren Nerven, bestätigen aber die Gelehrtenmeinung: Mit Ihrem kleinen Löwen sind Sie gut bedient, Sie haben ein ungeheuer vitales Kind!

Was seine Gesundheit betrifft, erübrigt sich also jegliche Angst und Sorge. Sein kräftiges, zähes Naturell überwindet spielend jene Anfechtungen, die anderen Kleinkindern gefährlich werden können.

Da sein Appetit in etwa seiner Gesamtkonstitution entspricht, wird es auch hier keine Klagen geben. Eher das Gegenteil. Sie werden unter Umständen sogar einen Riegel vorschieben müssen. Denn Löwen schöpfen gerne aus dem Vollen und wissen oft nicht, wann es genug ist. Überdies sind sie schon als Babys Feinschmecker und bleiben es zeit ihres Lebens. Allerdings können sie auch ausgesprochene Abneigungen gegen bestimmte Nahrungsmittel entwickeln.

Sollte Ihr Kinderarzt ein begeisterter Verfechter von Spinatsaft oder Grapefruitsaft sein, Ihr kleiner Löwe ist jedoch strikt dagegen, so vertrauen Sie Letzterem. Er besitzt einen sicheren Instinkt für das, was er nicht verträgt, und aus unbewusster Abwehr ist schon so manche Allergie entstanden. Solange seine Aversionen in einem vernünftigen und vertretbarem Rahmen bleiben, sollten Sie ihm nichts aufzwingen.

Zwingen, das werden Sie noch früh genug merken, lässt er sich ohnehin zu nichts. Er ist eine kleine Persönlichkeit mit einem ziemlich ausgeprägten Willen und noch ausgeprägterem Stolz.

Er wird Sie mit Nichtachtung strafen, wenn ihm etwas gegen den Strich geht, oder er wird Ihnen seinen Standpunkt durch ebenso lautes wie anhaltendes Gebrüll stets klarzumachen versuchen.

Ignorieren Sie die Fragen Ihrer Nachbarn, was denn dem armen Kind fehle. Und bleiben Sie nach Möglichkeit konsequent, obwohl Ihnen das nicht gerade leicht gemacht wird. Schaffen Sie das nicht, haben Sie nämlich früher oder später einen kleinen Tyrannen im Haus, nach dessen Pfeife sämtliche Familienmitglieder tanzen müssen.

So unbelehrbar und unzugänglich, wie es mitten in einem seiner Trotzausbrüche scheinen mag, ist der kleine Löwe ja auch wieder nicht. Vernünftigen Argumenten und besonders Appellen an seine Fairness ist er meist durchaus aufgeschlossen.

Machen Sie ihm in einer ruhigen Minute klar, dass auch Sie einen Willen haben, und dass es von ihm ausgesprochen unfair ist, Sie oder andere nie zum Zug kommen zu lassen. Seine angeborene Großmut wird ihn zum Nachdenken bewegen. Vermeiden Sie jedoch unbedingt eine Zurechtweisung vor Publikum. Das träfe seinen Stolz und damit seine verwundbarste Stelle.

Packen Sie ihn bei dieser Achillesferse, wenn Sie allein sind und Sie es aus erzieherischen Gründen für richtig halten.

Sie sollten überhaupt bestrebt sein, in ihm einen ernst zu nehmenden Menschen zu sehen, mag er auch bloß ein kleiner Dreikäsehoch sein. Zeigen sie ihm, dass Sie ihn respektieren, dass Sie seine Meinung nicht von vornherein als Nonsens abtun. Notfalls dürfen Sie ihm auch ein bisschen schmeicheln, dann haben Sie gewonnenes Spiel.

Was ein echter Löwe ist, plustert seine Mähne gehörig auf, wenn ihm Lob oder Bewunderung zuteil werden. In diesem Zustand ist die Großzügigkeit, die er fürs Leben mitbekommen hat, ins nahezu Unermessliche gesteigert. Man kann so gut wie alles von ihm haben. Er wird sein letztes Bonbon verschenken, zugunsten seiner Geschwister auf seine Nachspeise verzichten und seine Mickymaus-Hefte unter die Nachbarskinder verteilen.

Ist diese Freizügigkeit auch ein liebenswerter Zug, sie kann Sie teuer zu stehen kommen. Es ist zu hoffen, dass Ihr Einkommen nicht weit unter dem Durchschnitt liegt: Ein kleiner Löwe ist nämlich nicht irgendein Kind, sondern stellt auch gewisse Ansprüche, die finanziert werden wollen.

So werden Sie beispielsweise Ihr Töchterchen recht oft vor dem Spiegel finden. Es weiß bereits im Vorschulalter Bescheid über Lippenstift und verschiedene Duftwässerchen und bekommt regelmäßig Stielaugen, wenn Sie Ihre goldene Halskette umnehmen. Ihm ein Kleid schmackhaft zu machen, das vor ihm schon die große Schwester getragen hat, bedürfte einer schier übermenschlichen Geduld und Beredsamkeit. Ebenso wenig Gnade vor seinen kritischen Augen findet der abgelegte Schulranzen des älteren Bruders. Seien Sie daher nicht kleinlich und lassen Sie Ihr Löwe-Kind in neuen Sachen zur Schule gehen.

Es muss sich ein bisschen in Szene setzen können, sonst macht ihm die ganze Sache keinen Spaß. Lebhaft, intelligent und wissbegierig wie es ist, nimmt es den ersten Schultag eher als ein Abenteuer. All das Neue, das es erwartet, genießt es als willkommene Abwechslung und Herausforderung, an der es seine Kräfte messen kann.

Seine Lernerfolge lassen denn auch kaum Wünsche offen. Gelegentlich kann es allerdings Phasen geben, in denen seine Bequemlichkeit die Oberhand über Fleiß und Ehrgeiz gewinnt. Dass dieser oder jener Mitschüler es überflügeln könnte, gefällt ihm ganz und gar nicht. Also genügt in den meisten Fällen schon ein Wink mit dem Zaunpfahl, und es besinnt sich wieder auf seine Pflichten.

Ein Streber ist Ihr kleiner Löwe nicht. Es ist mehr sein gewinnendes Wesen, das ihn bei den meisten Lehrpersonen beliebt macht, was jedoch dem ausgezeichneten Verhältnis zu seinen Mitschülern kaum schadet. Irgendwie nimmt er in der Klasse eine Sonderstellung ein, und man ordnet sich ihm bis zu einem gewissen Grad unter. Natürlich verführt ihn seine Risikofreude auch dann und wann zu dummen Streichen; man drückt aber eher beide Augen zu, als ihn an den Pranger zu stellen.

Sein Hang zu imponierender Größe wird bisweilen seltsame Blüten treiben. Auf gut Deutsch: Er wird ganz schön angeben! Er ist glatt imstande, aus Ihrer winzigen Gartenhütte eine Zwölfzimmervilla zu machen und aus Onkel Roberts Kneipe eine internationale Restaurantkette.

Bevor er Ihren Lottogewinn von zehn Mark in einen Millionentreffer verwandelt, gebietet es die Vernunft einzugreifen. Machen Sie ihm klar, dass nur kleine Geister ihr Selbstwertgefühl mittels Übertreibungen auf Glanz bringen müssen; sie sind im Grunde bedauernswert. Aber er, Ihr kleiner Löwe, der ja ohnehin etwas Besonderes ist, hat derlei Tricks nicht nötig. Das wirkt zweifellos und er findet es in Zukunft unter seiner Würde, so dick aufzutragen.

Etwas bremsen müssen Sie vielleicht auch die überschäumende Lebensfreude Ihres kleinen Löwen. Im Bewusstsein seiner Kraft und Stärke mutet er sich manchmal zu viel zu. Er erprobt seine Kletterkünste an Mauern und Bäumen und verwechselt dabei Vorsicht mit Feigheit, die ihm verabscheuenswürdig erscheint. Da bleiben Schrammen selten aus. Aber das Löwe-Kind ist tapfer und verbeißt eher Schmerzen, als dass es sich schwach zeigt. Es wird seine Kräfte stets am Widerstand messen und keinesfalls klein beigeben, wenn einmal etwas schief läuft.

Resignieren Sie auch nicht, wenn es Ihre Geduld bisweilen auf eine harte Probe stellt. Es wird Sie immer wieder herausfordern und an Ihnen testen, wie weit es gehen kann. Nehmen Sie es von der heiteren Seite, dass Ihr junger Löwe seine Krallen an Ihnen schärft, so bleibt es wenigstens in der Familie. Und eines Tages werden Sie für Ihre Mühe, Ihr Verständnis und Ihre Liebe reichlich belohnt. Ein Löwe bleibt nicht auf halbem Weg stehen, er wird es im Leben zu etwas bringen. Und Sie können auf Ihr Prachtexemplar stolz sein.

Der Löwe in der Liebe

Der Löwe-Mann in der Liebe

Um es mal ganz pauschal auszudrücken: Das Beste ist für ihn gerade gut genug. Denn die schöpferischen und lebenserhaltenden Wesenskräfte der Sonne, die seine wahrhaft großartige Gesamtpersönlichkeit durchfluten, lassen ihn von seinem Schicksal, seiner Umgebung und seinen Mitmenschen nicht minder Ebenbürtiges erwarten.
So ist seine kosmologische Erwartungshaltung besonders stark ausgeprägt. Diese lässt nur solche Menschen in seinen näheren Lebensraum, die ihm wertvoll, umfassend gebildet und entwickelt erscheinen.

Er ist, von seinem Tierkreiszeichen her gesehen, der königliche Herrschertyp, dessen meist wohlwollendes Handlungsprinzip die Maxime ist: leben und leben lassen.

Natürlich nicht ohne all die Pracht und den Luxus des Lebens, der ihm ja rechtmäßig zusteht, in vollen Zügen genießen zu wollen. Diese Lebenseinstellung eines Löwen-Mannes gipfelte in der simplen, aber aussagekräftigen Behauptung: „L'Etat c'est moi (Der Staat bin ich)“, ein Satz des Sonnenkönigs Ludwig XIV.

Nun denn, hier setzt unser heutiger Held aus dem Sonnengeschlecht ganz klar auch seine Maxime in einer Partnerschaft. Vereinfacht ausgedrückt, der Chef bin ich. Oder, alles soll sich letztendlich um mich drehen, oder ‚du sollst keine Götter neben mir haben'.

Ja, und das ist im Grunde so herzlich einfach zu verstehen, aber auch gleichzeitig einer der Hauptgründe für Auseinandersetzungen und Reibereien in einer intensiven Liebesaffäre. Natürlich ist unser Löwe-Held ein Prachtexemplar von einem Gentleman, der die Damen so behandelt, wie sie es brauchen.

Dazu kommt noch der unwiderstehliche Charme seines sonnigen, menschenfreundlichen Gemüts. Auf der anderen Seite ist er ein Raubtier, und sein Beuteverhalten auf zwischenmenschlicher Ebene ist vom Schlüsselsatz der Löwegeborenen geprägt, der da lautet: Liebe zur Macht oder Macht zur Liebe.

Ist er ein typischer Löwe-Adam der ersten Sorte, mit Liebe zur Macht, so wird seine auserwählte Eva in seinen Harem eingeordnet werden, gleich, wie stark sie ihn auch liebt. Nur selten finden diese Löwe-Männer aufgrund ihres Machtstrebens gleichwertige Liebespartner, sodass der Platz der Herzenskönigin an seiner Seite auf dem Königsstuhl meist ein ganzes Leben lang verwaist bleibt.

Voller Gram über ihren vermeintlichen Misserfolg, werden diese irdisch verstrickten Löwen mit der Zeit immer misslauniger und geizen mit ihrer Herzenswärme.

Die anderen männlichen Vertreter der Löwen, die die Macht zur Liebe in sich und in dem Partner entdeckt haben, und die dieses kosmische Talent im positiven Sinne anwenden, werden ihr Glück schon hier auf Erden finden. Ihre Liebe ist ohne Erwartungshaltung, und ihre großherzige Freigiebigkeit bezüglich Mitgefühl und Verständnis lassen diese Löwe-Adams ideal für eine gelungene, rundum erfüllte Liebesbeziehung erscheinen.

Natürlich geraten sie deshalb allzuleicht in eine energetisch einseitige Partnerschaft, in die sie, und nur sie, ihre ganze Lebensenergie hineinströmen lassen, um es dem geliebten Partner in allen Angelegenheiten vollkommen recht zu machen.

Und sie übersehen dabei vollständig, dass sie schmählich ausgenutzt werden. Das soll nicht heißen, Löwe-Männer wären auf dem „Schlachtfeld der Geschlechter" mit sorgloser Einfalt und Dümmlichkeit geschlagen. Doch allzu oft wird man es beobachten können, dass schon wieder ein Löwe-Gentleman ausgenützt worden ist.
So sind sie nun mal unsere herzallerliebsten Sonnen-Tierchen. Sie schütteln ihre Mähne, denken, dass schon alle Flöhe und Ungeziefer damit beseitigt wären und legen sich wieder genüsslich unter die wärmenden Strahlen der Sonne.

Die Löwe-Frau in der Liebe

Nun, sie liebt den gepflegten Umgang und weiß auch materiellen Luxus wohl zu nutzen. Wie ihr männlicher Vertreter bevorzugt sie große Gesten und die wildromantische, gesteigerte Dramatik einer heißen Liebesaffäre.

Kleine und unscheinbare Männer fallen nicht in ihr Wahrnehmungsraster. Nein, groß, prächtig und voller Lebenslust muss ihr Prinz schon sein, nebst einem üppig gefüllten Bankkonto. Sie empfindet es unter ihrer Würde, einen gemeinen Beruf auszuüben und den Unterhalt mitzubestreiten.

Es sei denn, sie ist eine Löwe-Eva mit Liebe zur Macht. Dann wird sie die männlichen Partner gleich reihenweise verspeisen, und an ihre weltliche Karriere wird sie auch ihren Herzallerliebsten nicht heranlassen. Es muss dann schon ein ganz besonderes Exemplar Mann kommen, dem sie sich wild verführerisch als erlegenswerte Beute in Aussicht stellt.

Er wird bei ihr kein leichtes Spiel haben. Ohne ein paar ganz schöne Kratzer kommt da niemand davon. Bissig und hitzig wie nun mal die etwas freizügigeren „Raubkatzen" so sind, ist es ein erstaunlich aufregendes und spannendes Liebesspiel. Denn sie will unter allen Umständen wissen, dass sie die absolut einzige Liebe seines Herzens ist. Und dafür fordert sie jeden Beweis.

Leistet er ihren Ansprüchen nicht Genüge, lässt sie ihn fallen, ohne auch nur mit der Wimper zu zucken. Natürlich existiert auch eine etwas mildere Ausgabe unserer weiblichen Raubkatze.

Diese hat in sich die warmherzige, weibliche Löwennatur entdeckt, die mehr sorgsam und behütend mit den ihr anvertrauten Menschen umgeht. Doch sie will ebenso innig und heiß umworben werden wie ihre wilde, exotische Variante.

Sie gibt dem Partner, der all ihre „Prüfungen" bestanden hat, im Nachhinein die durchaus belastbare Sicherheit einer stolzen, lebensbejahenden Partnerschaft. Sie wird in der Not um ihn kämpfen, und wenn ein großes, gemeinsames Ziel der Lebensverwirklichung ins Auge gefasst wurde, wird unsere Löwe-Dame von Welt ihm auf ewig zur Seite stehen.

Mit Leib und Seele wird sie großzügig und voll herzlicher Liebe die Kleinen versorgen, verwöhnen und ihnen eine besondere Ausbildung mit auf den Weg des Lebens geben. Also eine wahrhaft treue und aufopferungsbereite Seele. Man(n) gebe ihr also ein Königreich, in dem sie nach Herzenslust und Laune schalten und walten kann, wie sie es für richtig empfindet.

Meist trifft sie mit ihren Ansichten und Vorhaben auch jeden Nagel auf den Kopf.

Ist doch dieses Tierkreiszeichen mit den geheimnisvollen, universalen Schöpferkräften der Sonne ausgestattet worden, die sozusagen bei großen und kleinen Problemen eine elegante, genial einfache und alle Seiten befriedigende Lösung bereithalten. Und unsere verehrenswerte und liebreizende Königin des Herzens hat den weiblichen Schlüssel zu dieser Universal-Kraft.

Dies macht sie so begehrenswert, besonders auch in jungen Jahren, denn durch diesen weiblichen Vorsprung gegenüber ihren Mitstreiterinnen, hat es eine junge Löwin viel leichter, in das Herz ihres begehrten Wunsch-Mannes vorzudringen.

Ist das Signal einmal gesetzt, lehnt sich unsere Löwe-Lady innerlich zurück und betrachtet aus dieser Warte genüsslich das zu erwartende Liebeswerben. Das sind, wie schon erwähnt, die gefährlichsten Momente für einen Liebhaber. Er muss sich seiner Rolle als dominanter, männlicher Faktor voll bewusst sein und darf sich keinen Versprecher oder Plattheiten leisten. Sie will wirklich nur den Besten. Dass sich eine selbstbewusste und stolze Löwen-Dame mit einem unter ihrem Niveau stehenden männlichen Wesen abgibt, steht überhaupt nicht zur Debatte. Es sei denn, sie ist die Vorsitzende des hiesigen Caritas-Verbandes.

Ist man(n) nun endlich der Glückliche und darf man unter ihre Augen treten, so wird man sich wundern ob ihrer sinnlich-emotionalen Gefühlsglut, an der man sich schon mal ordentlich die Finger verbrennen kann. Eine tolle Frau, falls sie sich auch ab und zu ihre Krallen schneiden lässt.

Der Löwe-Mann und seine Partnerinnen

Löwe-Mann und Widder-Frau

O lala, hier knistert's und funkt's bei der ersten Begegnung. Stellt doch eine feurige, willensstarke und gut aussehende Widder-Amazone eine Idealfrau für unseren Löwen-Adam dar.

Sie ergänzt seine natürliche Würde und die damit einhergehende „Trägheit“ in seinem Tun und Handeln mit ihrer spontanen Entscheidungsfreudigkeit, die lieber handelt, als allzu lange überlegt. Da beide aus dem gleichen astrologischen Element des Feuers stammen, schwingen die Seelen und Erlebnissphären im Gleichklang. Einer intensiven und anregenden Beziehung steht eigentlich nichts mehr im Wege. Es sei denn unser männlicher Sonnenheld ist eher so etwas wie ein „Hinterhof-Kater" mit ungehobelten Manieren. Dann wird unsere männerverwöhnte Widder-Eva sich schnellstens nach etwas Besserem umsehen.

Ist aber unser Löwe-Mann ein Prachtkerl mit dem entsprechenden Äußeren und mit eleganten Manieren, wird sie sich gerne zu weiteren Treffen bereitfinden und ihm dies auch unmissverständlich zu erkennen geben.

Er setzt seine Gefühlsenergien oft zu sehr für die Lenkung und Dosierung seiner Willenskraft ein. Dies könnte auf Dauer zu ernsten Problemen führen, in dieser sonst von Wahrheit und hoher Aufrichtigkeit aller Gefühls- und Gedankenregungen nur so strotzenden Feuerbeziehung. Hier muss die junge Widder-Eva schon ein paar Abstriche machen, um ihren wahrhaftigen „Göttergatten" zu behalten. Und unser sich eher passiv und würdevoll verhaltender Löwe-Gentleman sollte sich schon ab und zu bequemen, vom Luxus-Sofa loszukommen, um dem nach Aktivität strebenden Energiebündel Widder-Eva etwas zu bieten.

Ansonsten wird es ihr bei unserem sich paschamäßig verhaltenden Löwe-Adam zu langweilig und lahm werden. Eine Partnerschaft, die erst in den reiferen Jahren einer Widder-Lady großen Erfolg haben wird. Aber bei den jüngeren, aktiveren Widder-Mädels wird unser gelassener Sonnenheld das Nachsehen haben.

Es sei denn, er könnte ihr Vater sein, dann wird sie sich – nach Geborgenheit und väterlichem Mitgefühl sehnend – an ihn schmiegen; dies aber auch nur wieder, bis sie den jugendlichen Held ihrer Träume gefunden hat.

Im Grunde aber eine fanatische Zweierbeziehung mit höchstem Verwirklichungsstreben und gegenseitigen Entwicklungschancen; besonders wenn die feurig übertriebenen Ansprüche durch den Lauf der Zeit gemildert werden.

Löwe-Mann und Stier-Frau

Hier haben wir zwei im Grunde sich passiv verhaltende Tierkreiszeichenvertreter. Jeder möchte gern vom Anderen zuerst angesprochen werden; es wäre ja peinlich, wenn man sich geirrt haben sollte.

Denn unser Sonnenheld strahlt auch viel lieber vor sich hin und will sich – in den holden Frauen widergespiegelt – von seiner besten Seite betrachten. Genau das ist es, was ihm die Stier-Lady in den ersten Momenten der Begegnung bewusst vorenthält.

Denn die auf emotional-sinnliche Sicherheit Wert legende Stier-Frau möchte sicher gehen, dass sich kein Unhold bei ihr einschleicht. Aber unser Löwe-Adam hat keine Lust, dieses Spielchen der

Stier-Lady mitzumachen, er braucht sich vor niemandem zu beweisen.

Entweder sie ist von ihm einfach begeistert und lässt ihn das auch wissen, oder er kümmert sich nicht mehr um sie. Es sei denn, sie ist ein ausnehmend wohlproportioniertes Stierchen. Das schärft unserem manchmal so verschlafen aussehenden Löwen-Adam ganz schön die Sinne. Dann wird er über seinen Schatten springen und den aktiven, dominanten Part übernehmen, nach dem sich unsere hingabebetonte Venus-Frau so sehr sehnt.

Die kosmische Sollbruchstelle ist die auf beiden Seiten vorhandene unglaubliche Dickköpfigkeit. Entweder es gibt ein Herz und eine Seele, oder es kracht und rumpelt aufgrund andauernder Missverständnisse.

Löwe-Mann und Zwilling-Frau

Hier sieht das kosmische partnerschaftliche Energiegefüge schon wesentlich einfacher und harmonischer aus.

Einer merkurbetonten Zwilling-Frau kann unser Löwe-Adam mit seinem ethisch hoch entwickelten Sonnenbewusstsein die unbedingt notwendige geistige und seelische Zielsetzung für ein wohl geordnetes und sinnerfülltes Leben geben.

Und sie schenkt ihm, mit abwechslungsreicher, spielerischer Intensität die tausend verschiedenen weiblichen Seiten ihrer Vorstellungskraft. Er lässt sie gewähren. Sie entfaltet sich bei ihm, und auch ein kleiner „Fauxpax“ oder Seitensprung wird bei dieser Wesenskräftekonstellation nicht gleich zu einem Drama ohne Ende werden.

Die spontan gelebte Vielfalt der Lebenslust darf schon mal ins Chaotische driften, so lange gewisse Spielregeln unseres großzügigen und wohlwollenden Sonnenkönigs es zulassen. Und unsere oft flatterhaft erscheinende Merkur-Lady bekommt bei ihm eine grundsolide, feste Schulter, an der sie sich ausweinen kann, ohne dass er daraus gleich einen Strick für sie dreht.

Er versteht sie ja nur allzu gut in ihrem kindlichen, naiven Spiel mit allen Erscheinungen dieser Schöpfung. „Mach so, wie du denkst", wird er ihr sagen, und sie wird ihn an sich drücken und ihm leise ins Ohr flüstern: „Ach, wenn ich dich nicht hätte, du mein kleiner wuseliger usw..." Eine erlebnisreiche Partnerschaft.

Löwe-Mann und Krebs-Frau
Dies ist aufgrund der astrologischen Prägung durch die beiden Hauptlichter am Firmament, von Sonne und Mond, eigentlich die natürlichste Ehe unter allen möglichen Tierkreiszeichen.

Hier der Schöpfer des Seins, das ur-männliche Prinzip, die Sonne, und auf der anderen Seite die Ur-Eva, die erste Frau, und die erste Mutter, der Mond als ewig-weibliches Sinnbild für die gestaltwerdenden Kräfte von Mutter Erde.

Unter diesen Vorzeichen ist solch eine Partnerschaft ein selten großes Glück auf Erden. Jeder hat die natürlichen Talente, die der andere nicht hat, die aufs Genaueste ineinander passen und sich hundertprozentig ergänzen.

Er ist auf ewig ihr König, und sie ist für immer seine Königin. Dass dies sich nicht gleich immer so leicht erfüllt, liegt an den weiteren astrologischen Prägekräften, die jeder Mensch in seinem individuellen Geburtshoroskop erst noch zu entdecken und damit zu überwinden hat.

Natürlich erwartet unser Löwe-Adam, dass sich ein typisch weibliches Mond-Mädel seinem Glanz und Gloria im weitesten Sinne zu beugen hat, damit er sonnengleich gütig und gerecht über die Familie herrschen kann.

Aber in unserer emanzipierten Zeit liegt unser Pascha damit auch bei den meisten Krebs-Frauen ziemlich daneben. Sie möchten nicht einfach ihren wahrhaft gütigen „Göttergatten“ auf Händen tragen. Selbstverwirklichung ist auch hier das Schlüsselwort zu einer vollendeten Partnerschaft von Löwe-Mann und Krebs-Frau. Die Wesentlichste im ganzen Tierkreis.

Löwe-Mann und Löwe-Frau
So edel und gutmütig sich die beiden in den ersten Begegnungen miteinander verhalten, so resolut und oft sogar verbissen werden sie um die Führungsposition in dieser überaus mit feurigen Wesenselementen ausgestatteten Zweierbeziehung kämpfen.

Denn hier treffen sich zwei Sonnen an einem Ort, und jede möchte schöner und heller strahlen als die andere. Ein Wettkampf, der meist in Streitereien und Persönlichkeitsverletzungen ausarten kann. Denn in der Natur gibt es schließlich nur eine einzige Sonne, die allen Glanz auf ihr Konto verbuchen kann.

Besonders, wenn unsere zwei verliebten Löwen sich zu häufig und in einer engen Wohnung treffen, wird es unweigerlich mit der Zeit zu einem unausgesprochenen Energiestau kommen, der sich durch plötzliche Missgelauntheit und Wutausbrüche Luft machen kann. Denn es wird unserem sich sonst so passiv verhaltenden Löwe-Adam ganz schön auf die Nerven gehen, dass sich unsere stolze und auf ihre Freiheit bedachte Löwe-Eva von ihm nichts mehr sagen lässt.

Sie weiß es sowieso von vornherein besser und versucht sogar, ihn zu belehren. Das geht seiner Majestät einfach zu weit. Ja, und da wären wir schon bei diesem Trauerspiel zweier an sich Herzenswärme ausstrahlender Menschen.

Diese sonnenbetonte Partnerschaft überlebt meist nur mit viel Diplomatie und gegenseitiger Hochachtung. Eine Beziehung, die besser mit räumlicher und seelischer Distanz lebt, damit sich keiner verbrennen kann.

Löwe-Mann und Jungfrau-Frau

Nun, auf den ersten Blick erscheint unserem Prachtkerl eine zarte Jungfrau-Maid als ziemlich magere Beute, für die es nicht lohnt, sich „in Schale zu werfen“, um eine Liebesaffäre anzuzetteln.

Aber aufgepasst, mein lieber Freund, unsere Jungfrau-Eva hat dich schon längst als lohnenswertes „Opfer" erspäht. Ist doch so ein Sonnenzeichenvertreter keine schlechte Partie für eine mit allen Wassern gewaschene Merkur-Frau.

Er besitzt Charme, Mitgefühl und hat das gewisse Etwas in seinem männlichen Dominanzgehabe, das in einer Frau gewisse Saiten zum Klingen bringt. Und außerdem ist ein Löwe-Mann, falls er seine herumstreunende Gassenkater-Mentalität abgestreift hat, ein ordentlicher Geschäftsmann mit Karrierebewusstsein.

Was will unsere so überlegt handelnde Jungfrau-Lady noch mehr. Ziemlich schnell und verhältnismäßig einfach hat sie ihn dennoch auf sich aufmerksam machen können, denn geschickte weibliche Verführungskunst ist für eine entwickelte Merkur-Eva eine leichte Übung. Hat sie unseren Löwe-Pascha, der sich allzu gerne verwöhnen lässt, um den Finger gewickelt, so wird sie ihn nicht mehr so schnell loslassen.

Erweist sich doch so ein eher bedächtiger Denker als überaus gutmütiger Partner. So wird er gekonnt regiert, ohne es zu wissen, und sie ist ihm augenscheinlich eine ergebene Dienerin. Und sie wird ihn perfekt versorgen, das Sofakissen immer aufschütteln und ihn diplomatisch zu Höchstleistungen im beruflichen und privaten Leben anzustacheln wissen.

Somit ist dem weltlichen Bestreben nach materieller Geborgenheit und Sicherheit einer Jungfrau-

Frau Genüge getan, und unser Sonnenheld darf den uneingeschränkten Herrscher des Hauses spielen, mit einer aufmerksamen und ihm schmeichelnden, wortgewandten Herz-Königin zu seiner Seite.

Doch bis es so weit ist, vergeht schon eine gewisse Zeit, bis sich unsere Liebenden gegenseitig von ihren Qualitäten restlos überzeugt haben.

Für ihn erscheint sie allzu berechnend, zu kritisch und kleingeistig, und er ist für sie nicht gerade ein Schnellspanner, sodass hier ein Quell permanenter Missverständnisse entstehen kann. Doch beide wissen um die Talente und Vorzüge des anderen und wollen sie auch nicht missen, besonders wenn unsere Eva blendend aussieht.

Löwe-Mann und Waage-Frau
Hier treffen sich im Prinzip nicht unähnliche Persönlichkeiten. Beide streben mit vollstem Energieeinsatz nach Höherem und Edlerem.

Der schnöde Schmutz des alltäglichen Geschehens lässt beide sich auf die Suche nach einer schönen, neuen Welt begeben. Und falls sie sich auf dieser Suche „zufällig" begegnen, werden sie voneinander restlos begeistert sein. Unserem Löwe-Mann schlägt das Herz im Leibe, wenn er unsere elegante und hinreißend aussehende Waage-Venus zum ersten Mal erblickt.

Nein, was für ein Bild von einer Frau, und er ist ganz hin. Sie bemerkt seinen „Herz-Kollaps" und ist ebenfalls von seiner sonnenhaften Ausstrahlung angetan. Denn gut aussehende und gut gekleidete Männer mit Modebewusstsein sind rar in einer Jeans-Gesellschaft. So sind beide, zunächst vom Äußeren des Partners angezogen, dann auf die inneren Qualitäten aufmerksam gemacht worden. Denn wie außen so auch innen, denken sich Löwe-Mann und besonders Waage-Lady.

Und beide werden speziell in dieser kosmischen Kräftekonstellation auch nicht so daneben liegen. Denn eine reife und entwickelte Waage-Venus weiß ganz genau, was unser Sonnenheld liebt; vertragen sich doch die beiden Elemente ihres Tierkreiszeichens, nämlich Luft (Waage) und Feuer (Löwe), hervorragend.

Unser Löwe wird sich an ihrer diplomatischen, weiblichen Natur erfreuen, und eine innige und abwechslungsreiche Beziehung kann beginnen. Eine Bilderbuchehe.

Löwe-Mann und Skorpion-Frau
Vorausgesetzt, dass beide mit ihren kosmischen Talenten umgehen können, ist hier mit einem äußerst intensiven und extrem abwechslungsreichen Lebensereignis zu rechnen.

Anderenfalls werden sich unsere Liebenden nach einer anfänglichen Begeisterungsphase in die jeweiligen Verhaltensstrukturen ihrer Tierkreiszeichen zurückziehen. Und die sind von Machtwillen geprägt.

Unser Löwe-Mann, der auch in einer Beziehung die Hauptrolle spielen will, entdeckt bei einer, zu extremen sinnlich-emotionalen Willensäußerungen fähigen Skorpion-Frau seine Liebe zur Macht wieder. Denn er will sich auf keinen Fall von ihr unterkriegen lassen.

Aber genau das hat sie eigentlich mit ihm vor. Zwar nicht so direkt und klar ausgedrückt, doch sie will, dass er sie ganz und gar auf allen Ebenen ihres Gefühlslebens befriedigt. „Ich bin doch nicht ihre Marionette“, wird er sich denken und ihr ebenfalls beizubringen versuchen, was sie ihm gefälligst zu bieten hat.

Ja, und da wären wir bei dem typischen Macht-Spielchen von Löwe-Adam und Skorpion-Eva. Beide geben nicht auf und weichen keinen Millimeter von ihren rechtmäßigen Bedürfnissen ab. Also die vorprogrammierte Spannung in dieser Partnerschaft, die nur schwer eine friedliche Zweierharmonie werden kann, treffen sich doch meist zwei Einzelkämpfer in dieser kosmischen und spannungsreichen Kräftekonstellation.

Was beide an diesem intensiven und üppigen Abenteuer so reizt, sind die gegenseitigen Extreme des Wollens und des Fühlens. Keine leichte Sache!

Löwe-Mann und Schütze-Frau
Natürlich wird sie ihm gefallen, und er wird alles dran setzen, sie auf seine Beuteliste zu bekommen.

Denn sie hat das Ideal einer feurig-dynamischen Persönlichkeit, nach der sich unser bedächtiger

Löwe-Adam als partnerschaftliche Ergänzung wirklich sehnt.

Das, was er aus Lust am Genuss und aus Liebe zur Gemütlichkeit nicht erreichen kann, wird ihm schon so eine bewegte, junge Feuer-Lady vor die Füße legen. Aber damit liegt er ziemlich falsch. Sicherlich liebt ihn unsere weltoffene und expansiv lebende Schütze-Eva: ist er doch aus ähnlichen kosmischen Feuer-Kräften gestaltet wie sie. Nur stellt sie die weibliche, alles verzehrende Flamme der Leidenschaft dar, und er ist „nur" eine stetig wärmende Glut der inneren, wahren Herzensliebe.

Aber genau diese verzehrende, feurige Leidenschaft, die nach keinem Warum und Wieso fragt, braucht unser sonst leicht in Lethargie verfallende Löwe-Mann.

Gesunde Beschränkung und Meditation sind hier die Schlüsselworte für eine beidseitig erfolgreiche und sinnerfüllte Partnerschaft.

Löwe-Mann und Steinbock-Frau
Den Reiz und Wert dieser Partnerschaft finden wir hier eher im gemeinsamen Streben nach prinzipieller Aufrichtigkeit in Denken und Handeln, besonders auch unter dem Gesichtspunkt einer öffentlich gelebten Repräsentanz dieser Gemeinschaft.

Er gibt ihr die fehlende Lebensglut, die er ihr stetig und treu zur Verfügung stellt, und sie wird ihn in seinen Augen nie enttäuschen und das Beste aus dieser Kräftekonstellation machen. Denn unsere nutzenorientierte Steinbock-Lady weiß genau um die Talente unseres Sonnenhelden.

Er wird durch ihre moralische und vernunftbezogene, nüchterne, aber ehrliche Stütze die Karriere machen, die er schon immer im Auge hatte. Und sie findet in ihm einen wahren Gentleman, der ihre schon mal vorkommende sinnlich-emotionale Unpässlichkeit nicht gleich so tragisch nimmt und ihre Zeiten seelischer Zurückgezogenheit respektiert.

So weben sich die beiden ein verflochtenes Netz von sensiblen und aufmerksamen Verhaltensstrukturen, die keinen verletzen können. Die Überbetonung von Nutzen und Aufrichtigkeit könnte aber auf Dauer auf Kosten der gelebten Vielfalt der Lebenslust gehen, was für unsere Saturn-geprägte Steinbock-Frau nicht so schwer ist wie für unseren, besonders in jungen Jahren so lebenshungrigen Löwe-Mann.

Trotzdem, in reiferen Jahren eine Partnerschaft, die jedem seine volle Entfaltung in der Gesellschaft und daheim zugesteht. Eine Partnerschaft, die für die heißen und intensiven Jahre im Leben nicht so geeignet erscheint, aber eine Verbindung mit stabilem und beruhigendem Einfluss für einen genüsslichen und erfahrungsreichen Lebensabend. Wenn aber schon früh weltliche Macht und Einfluss erobert werden sollen, so ist eine geschäftstüchtige Steinbock-Eva keine schlechte Partie für einen Karriere-Löwen, auch in jungen Jahren.

Löwe-Mann und Wassermann-Frau
Hier dürfen wir getrost davon ausgehen, dass sich eine organische und gesunde Zweier-Beziehung nicht so schnell ereignen wird, liegt doch in der „natürlichen" Opposition der beiden Sternzeichen im Tierkreis eine spannungsgeladene Sollbruchstelle.

Löwe-Mann und Wassermann-Frau stehen sich also direkt frontal gegenüber, wenn es darum geht, ihre ureigensten Interessen durchzusetzen und diese zu verwirklichen. Hier prallen im wahrsten Sinne des Wortes zwei sich konträr verhaltende Erlebnis- und Verhaltens-Sphären aufeinander.

Sie will um jeden Preis ihr ureigenstes Bild von ihrem noch nicht entwickelten Ich-Kern in diesem Leben voll entwickeln. Und er möchte ganz einfach der sein, der er eigentlich schon immer ist und auch immer bleiben wird. Unsere Wassermann-Lady will eine permanente Entwicklung, egal wie, wo und mit wem auch immer. Hauptsache, sie kommt dem gedachten, bizarren, oft sehr unausgegorenen Wunschbild einer weiblichen Gesamtpersönlichkeit näher.

Ja, und unser eher bodenständiger Löwe-Adam will so bleiben, wie ihn unsere Natur nun mal geschaffen hat, ist er doch im Grunde rundum zufrieden mit seinen Talenten und seiner Gesamtpersönlichkeit. Aber das wird ihr mit der Zeit ganz schön auf die Nerven gehen, dieses stoische Löwengehabe; und einen Herrschertyp wirft sie sowieso gleich aus ihrem Herzen.

Nun denn, wird sich unser Sonnenheld sehr bald denken und sich eine andere auserwählen, wenn er einem Drama ohne Ende aus dem Weg gehen will.

Löwe-Mann und Fische-Frau
Er findet sie herzerfrischend lebendig, und sie bewundert die über allen Widrigkeiten des Lebens stehende, gelassene Würde seiner strahlenden Persönlichkeit.

Diese innere, selbstsichere Getragenheit, die unsere seelisch allzu bewegliche Fische-Eva ab und zu so gern ihr Eigen nennen würde, zieht sie magisch an. Denn sie hält es oft nicht mehr mit sich selbst aus, so diffus und vertrackt kann ein Fischeleben sein. Sie benötigt daher einen stabilen partnerschaftlichen Bezugspunkt. Da ist unser aufrechter und mitfühlender „Prachtkerl" genau der Richtige für sie.

Mit seinem sonnigen Gemüt wischt er einfach ihre trüben Stimmungen und Gedanken beiseite, und sie erfährt durch ihn, wie sie ihre verborgenen Sonnenkräfte in sich selbst wieder zum Vorschein bringen kann.

Er sieht in ihr – aufgrund ihrer besonderen weiblichen Begabungen der selbstlosen Hingabe – das Bild des ewig Weiblichen, die erfahrene Frau mit Sinn für die gelebte Lust des zwischenmenschlichen Zusammenlebens. Da unser Löwe-Adam nicht minder tiefe Lebenslust in dieser Schöpfung empfinden möchte, liegt er bei ihr im wahrsten Sinn des Wortes auch goldrichtig.

Die kosmische Sollbruchstelle dieser Kräfte-Konstellation liegt in der immer noch vorhandenen Unberechenbarkeit im seelischen Leben einer Fische-Frau. Sie sollte schon alle Träume und Wünsche ihres facettenreichen Gefühlslebens gründlich kennen und weitestgehend erfüllt und ausgelebt haben.

Ansonsten wird unser sehr auf Treue und Aufrichtigkeit achtender Löwe-Adam ihr überhaupt nichts mehr glauben. Sie wird sein stetiges Vertrauen verloren haben, und diese kosmische Würze von Sinnlichkeit und gelebter Intensität von Geben und Nehmen im Gleichklang der Interessen wird wie von selbst verschwinden. Das ist meist auch das Ende dieser an sich ereignisreichen und sensiblen Partnerschaft.

Also auch eine Herzensangelegenheit, die, falls sie Stabilität und sichere Geborgenheit sucht, erst so richtig in reiferen Jahren zum Tragen kommt. Ansonsten ist diese Kombination vom feurig-stabilen Löwe-Adam und sinnlich erregbarer Fische-Frau eher ein kurzes, aber äußerst intensives und im weitesten Sinne die Erlebnissphären befruchtendes Liebesabenteuer.

Die Löwe-Frau und ihre Partner

Löwe-Frau und Widder-Mann

Wenn sie es richtig versteht, ist sie eine der wenigen Tierkreiszeichenvertreterinnen, die unseren wilden und tolldreisten Mars-Jüngling nachhaltig zähmen kann.

Doch er sollte schon etwas gebildeter und gewandter in seinen Umgangsformen sein. Einen Flegel will sie nicht in ihrem „Palast“ haben. Nun, sie wird ihr Bestes geben, um aus diesem grobschlächtigen Kerl einen gepflegten Gentleman zu machen, mit dem sie sich auch in der Öffentlichkeit zeigen kann.

Natürlich ist er ganz versessen auf sie, hat doch unsere stolze Feuer-Lady einfach Klasse und Rasse. Somit steht einer ergiebigen und dynamischen Gemeinschaft Gleichgesinnter nichts mehr im Wege. Und unsere Löwen-Braut versteht es sehr gut, ihn an der langen Leine zu führen. Sie wird diese weibliche Vorherrschaft mit dem Argument rechtfertigen, dass sie aus ihm erst einen zu höherem und sensiblerem Kulturgenuss fähigen Mann von Welt machen kann; einen, der dann auch die nötige Lebensenergie hat, ihre gehobenen Ziele in dieser Partnerschaft und in der Gesellschaft zu verwirklichen.

Löwe-Frau und Stier-Mann
Sicherlich wird sie ein kurzes „Tête-à-tête“ mit einem holden Venus-Jüngling nicht verschmähen, aber für eine wirkliche Partnerschaft auf längere Sicht hat er schlechte Chancen bei ihr.

Es sei denn, unsere selbstbewusste, nach Erfolg strebende Löwe-Lady hat genug von den armen Liebhabern, die nur ihr Herz als Pfand geben können, und sie möchte endlich auch so richtig aus dem Vollen schöpfen. Nun, wenn unser Stier-Adam schon recht tüchtig war und eine ordentliche Geschäftsbilanz aufweisen kann, wird sie es sich bestimmt überlegen, in ihrem Herzen ein wenig Platz für ihn zu machen.

Ansonsten ist die kosmische Sollbruchstelle für diese Persönlichkeitskombination in der sprichwörtlichen Dickköpfigkeit der Stiere und in dem persönlichen Machtstreben der Löwen zu suchen. Natürlich wird man sich am Anfang in all dem Liebesgeturtel nicht gleich unflexibel und unnachgiebig zeigen. Aber es dürfte bestimmt nicht lange dauern, bis sich in dieser Partnerschaft unerledigte Probleme und Wünsche zu einem undurchdringlichen Wust angestaut haben.

Nun, unsere Löwe-Lady wird dies auf Grund ihrer weiblichen Intuition bei unserem Stier-Mann sehr bald spüren. Aber darauf ist sie überhaupt nicht aus, sie möchte ganz einfach und wenn möglich unausgesprochen die Herrscherin im positiven Sinne sein.

Was hat sie davon, wenn ihr Herz-König ihr andauernd dazwischenredet, was sie zu tun hat und was nicht?

Und dabei bleibt es auch meistens bei unserem untätigen, zur geistigen Schwermut neigenden Stier-Mann. Diese typische Melancholie der Stiere passt unserer feurigen Löwe-Lady keineswegs ins Konzept. Warum sollte sie mit ihrem dynamischen Willen ihn auch auf ihrem grandiosen Lebensweg mitschleifen.

Nein, er ist wahrlich keine gute Partie für sie. Es sei denn, er ist einer von den wilderen Stierchen und ist auch sonst nicht auf den Kopf gefallen, dann schon eher.

Löwe-Frau und Zwilling-Mann
Im Grunde bilden diese beiden eine sich ergänzende Partnerschaft. Unsere Sonnen-Eva sollte aber nicht so streng mit ihm sein und seine spontanen Eskapaden auf allen Gebieten nicht so ernst nehmen, auf dass er einen wortreichen und abwechslungsliebenden Gesellschafter in ihrem „Palazzo" spielen darf.

Ganz klar, sie lässt diesen „Luftikus" die erste Geige an ihrem königlichen Hofe nur zum Schein spielen; er könnte sonst viel zu viel Unsinn anstellen. Und genau das möchte er gerne mit ihr machen. Natürlich aus purer Lebenslust und Liebelei, denn er ist sehr angetan von unserer Lady. So etwas weiblich Strahlendes ist ihm noch nicht unter die Finger gekommen.

Geschickt wird er sich von seiner besten Seite zeigen und seine Schwächen übertünchen. Doch unserer Löwe-Frau wird das alles zu schnell gehen. Gemach, gemach – signalisiert sie ihm, aber er hat ihr wärmendes Sonnenfeuer schon gewittert und möchte sie doch am liebsten gleich hier und jetzt im Sturm der Leidenschaften erobern.

Nun, sie riecht den Braten auch und will sich garantiert nicht so leicht als Hauptgericht verspeisen lassen. Er soll ruhig noch ein wenig zappeln. Das findet sie toll, wie er sich offensichtlich vergeblich bemüht.

Eine lebendige und abwechslungsreiche Partnerschaft, wenn beide es schaffen, diese Leichtigkeit und Liebelei im Umgang miteinander in kommende Jahre hinüberzuretten.

Löwe-Frau und Krebs-Mann

Hier haben wir wieder dieses kosmische Spiel von Sonnen- und Mondkräften, die beiden Hauptlichter in unserem Sonnensystem und auch im Tierkreis.

Sie bilden den stabilsten und sich gegenseitig restlos erfüllenden Hintergrund für eine wahrhaft kosmische Ehe. Und wenn sich unsere Löwe-Frau nicht zu schade ist, sich mit so einem sensiblen, weiblich-intuitiven Krebs-Mann näher zu befassen, so wird sie erkennen, dass er für sie einige Qualitäten und Talente bereithält.

Er wird wie ein seelischer Spiegel sein, und sie wird all ihre Taten und Gefühlsäußerungen in ihm wieder entdecken können. Natürlich vermisst sie die strenge männliche Hand und ein markantes Persönlichkeitsprofil. Dies ist auch meist der Hauptgrund, warum diese kosmische Kräftekonstellation selten so vollendet gelebt wird, wie es eigentlich zu erwarten wäre.

Unserer tapferen und selbstbewussten Feuer-Lady ist ein launischer und noch unausgegorener Mond-Mann einfach zu kindlich in Wollen und Fühlen. Unser Krebs-Mann kann von ihr entschiedenes Handeln lernen und sein Selbstwertgefühl durch ihre wohltuende Gemütsausstrahlung aufbessern.

Durch sie erfährt er eine neue Welt des Erkennens, die nicht in erster Linie von Tiefe und Sensibilität der erlebten Gefühle abhängt, sondern die von einem freien, schöpferischen und idealen Ich-Bewusstsein getragen wird.

Löwe-Frau und Löwe-Mann
Hier haben wir zwei Sonnen an einem Ort, und das ist einfach zu viel an Ich-Bewusstsein und idealisierender Macht zur Liebe oder auch Liebe zur Macht.

Im Grunde wäre er ja auch keine schlechte Partie für sie, wenn er doch nicht den gleichen Anspruch auf die Führungsposition hätte wie sie. Meist wird sie einen eher unterentwickelten Löwe-Typ angeln, der überhaupt froh und glücklich ist, endlich von solch einer Vollblut-Dame auserkoren zu sein.

Dass sich unsere liebe Sonnen-Eva dabei leicht einen „Gassen-Kater" ins Haus setzt, mit all seinen Flöhen und schlechten Manieren, wird sie noch früh genug bemerken. Dann hilft kein Jammern und Zetern. Nun gut, im Großen und Ganzen eine sehr schwierige Entscheidung füreinander.

Es sei denn beide vertragen es, ständig mit dem strahlenden Ebenbild zusammen zu sein – Gott sei Dank verschiedenen Geschlechts – sonst wäre es überhaupt nicht mehr auszuhalten! Genau dies macht auch die stärkste Anziehung aus, die feurige, sinnlich-emotionale Seite dieser „löwigen" Partnerschaft.

Wenn beide es schaffen, sich mit Liebe und Toleranz zu begegnen und Machtansprüche so weit wie möglich zu beseitigen, so werden sie im Licht einer einzigen Flamme der intensiven Lebenslust erstrahlen und blendendes Zeugnis ihrer wahrhaft göttlichen Herkunft geben. Ein königliches Paar.

Löwe-Frau und Jungfrau-Mann

Im Grunde eine seltene Konstellation. Erscheint doch ein allzu vernünftiger, zu technokratisch denkender und sich verhaltender Jungfrau-Adam als kaum lohnenswertes „Opfer".

Es sei denn, sie benötigt gerade zurzeit diese speziellen Begabungen und Talente eines pragmatischen und geschäftstüchtigen Merkur-Vertreters, um aus einer finanziellen Krise herauszukommen. Von seiner Seite aus erscheint ihm unsere verehrenswürdige Löwe-Lady als ein wahres Geschenk des Himmels.

Bewundernd an ihren Augen und Lippen hängend, wird er ihr natürlich gerne dienstbar sein. Oh, das hat sie nicht so schnell erwartet, dass er ihr sein Vertrauen so blindlings schenkt, und mit einem Mal ist sie auch von seinem Wesen ganz angetan.

Daraus könnte eine zärtliche und sich gegenseitig berücksichtigende hohe Schule der Liebe werden. Wenn da nicht diese kaum wegzudiskutierende Kritikbereitschaft unseres bisweilen schon mal zynischen Jungfrau-Mannes wäre. Er hat nicht diese alles hinwegwischende Großzügigkeit einer Löwin. Nein, er bleibt oft mit seiner gekonnt ätzenden Kritik am Detail kleben und vergisst ob der ausgefuchsten Wortwahl ganz die übergeordneten Zusammenhänge.

Treibt er sein Verhalten zu weit, wird sie das Weite suchen, das lässt sie sich nicht bieten. Also keine leichte Aufgabe, diese Partnerschaft.

Löwe-Frau und Waage-Mann
Von der astrologischen Elementen-Kombination her ein ideales Paar. Ergänzen sich doch die stabile Feuerkraft unserer Löwin und die nach unendlicher Harmonie und Frieden strebende Luftkraft des venusbetonten Waage-Mannes.

Sein Idealbild von einer selbstbewussten und stolzen Frau, die genau weiß, was sie will – im Gegensatz zu ihm, der immer von einem Extrem ins andere pendelt – findet er in unserer Löwe-Eva. Mit ihrer ungebrochenen Willenskraft und herzlichen Liebe übernimmt sie gerne die Zügel in dieser Beziehung. Gerne zeigt sie ihrem Waage-Adam einen klaren Weg aus seinem typischen Dilemma der seelischen und geistigen Unausgeglichenheit.

Sicherlich ist er ein formvollendeter Lebemann, der sich in die Gunst edler Damen schnell und elegant einschleichen kann. Er lebt viel lieber vom alles und nichts versprechenden, intensiven Flirt, als dass er eine für ihn zu verantwortungsvolle Partnerschaft eingeht, die ihm ja seine persönlichen Entfaltungsmöglichkeiten als Don Juan nehmen würde.

Hier wird ihm aber unsere resolute Löwin schon mal herb die Leviten lesen und ihn ganz einfach vor die Qual der Wahl stellen: Sie allein und keine andere soll das Ziel seiner schlaflosen Nächte sein. Bitte nur das nicht wieder: Allein schon die Qual der Wahl, was er am frühen Morgen anziehen soll, bringt unseren Waage-Mann ziemlich durcheinander.

Und jetzt kommt seine Herzallerliebste daher und setzt ihm noch dazu die moralische Pistole auf die Brust. Jetzt hat sie ihn in seine innerseelische Ecke getrieben, in der er sich selbst sozusagen auf mittlerer Flamme abkocht.

Genüsslich wird sie sich das Schauspiel betrachten. Bevor er sich in Lethargie oder gar in einem Wutausbruch ausreagiert, wird sie ihm charmant eine exklusive und genial simple Lösung anbieten.

Er wird ihr die Füße küssen und sie auf Händen tragen, zumindest eine Woche lang, und sie ist seinem unwiderstehlichen Charme und seiner einfühlsamen Manneskraft erlegen. Bis das Spiel wieder von vorne losgeht.

Löwe-Frau und Skorpion-Mann
Ein Lebensereignis, das Stoff für mehrere Romane liefern kann. In dieser „Partnerschaft" werden alle Höhen und Tiefen einer menschlichen Existenz nach allen Regeln der Kunst durchexerziert.

Hier stoßen elementare Wesenskräfte aufeinander: unsere sich nach Macht und innigster, feuriger Liebe sehnende Löwe-Frau und unser nach menschlich-seelischen Extremwerten lüsterner Skorpion-Mann. Hier finden wir kein freies und leichtes Ineinanderfließen der beiden extrem unterschiedlichen Gefühlswelten. Hier findet ein permanenter Existenzkampf und permanente Selbstbehauptung statt. Sicherlich wird es auch weiter entwickelte Löwinnen und Skorpione geben, die sich nicht gleich auf dem Altar ihrer Herzen in schmerzvoller Opferbereitschaft auf ewig miteinander verflechten wollen.

Beide können durch ihre Kräfte der allesumfassenden Transformation und Regeneration gleichsam geläutert als Phoenix aus der Asche in das strahlende Licht eines neuen Bewusstseins eingehen. Ein extremer Anspruch, den unser Skorpion-Held gerade gegenüber einem Sonnen-Mädchen aufrecht hält. Bei ihm wird unsere Löwin nicht drum herum kommen, auch mal einen tiefen Blick in ihre angeblich nicht vorhandenen Schattenseiten zu werfen.

Und unser zäher Skorpion-Adam wird von ihr lernen müssen, nicht im eigenen innerseelischen Sumpf von sinnlich-emotionaler Selbstverstrickung stecken zu bleiben, sondern einmal den Weg von seiner Nachtseite zur Sonnenseite eines strahlend hellen Tags zu gehen.

Wirklich keine leichte Beziehung, aber der Schweiß der beidseitigen Bemühungen wird außerordentlich befruchtend sein in Bezug auf Selbsterkenntnis und Weiterentwicklung der persönlichen Talente.

Löwe-Frau und Schütze-Mann
Nun, im Sinne einer stabilen und aufbauenden Partnerschaft wird er unserer Herzenskönigin selten dienlich sein.

Vielmehr hat er in ihrem königlichen Hofe den Posten des Außenministers, der gelegentlich auch mal intensiv ihr Lager teilen darf. Bringt er doch immer wieder berauschende Neuigkeiten aus aller Welt zu ihr. Gnädig erweist sie ihm ihre Aufmerksamkeit, denn mit seinem weltoffenen und gebildeten Charme eines seriösen Gentleman öffnen sich die Herzen der Frauen fast wie von selbst.

Aber genau das hält sie davon ab, sich ihn zum König zu nehmen. Es würde zu Streitereien und Eifersuchtsszenen kommen. Ihn an die lange Leine zu legen, hieße erst mal eine weltumspannende Leine zu finden. Also auch unmöglich; zu nichts verpflichtende Verhaltensweise ihrem Sinn für Vorherrschaft und Macht der Gefühle für ihren Liebsten, den sie nur für sich allein besitzen und regieren will.

Löwe-Frau und Steinbock-Mann
Das ist eher eine Partnerschaft, die sich in reiferen Jahren des Lebens für beide Seiten befriedigend und Gewinn bringend erweisen wird.

Denn einer jüngeren und heißblütigeren Löwin steht nicht so sehr der Sinn nach einem väterlichen Steinbock-Typ, der sein seelisches Mauerblümchendasein mit ihrer prachtvollen Weiblichkeit und mit ihrer herzlichen Ausstrahlung kaschieren will. Er hat einfach viel zu wenig spontane Lebensenergie. Alles muss bis ins Kleinste vorbereitet und geplant werden.

Nun, falls unsere Löwe-Lady aber in die Jahre kommen sollte, in denen sie noch immer allein in der Wüste ihres Herzens regiert, so wird sie froh und dankbar sein, jetzt einen sonst so strengen Saturnier ihren wahren und einzigen Freund nennen zu können.

Und sie bemerkt, dass unser von ihr so verschmähter Steinbock-Adam nicht so ein „miesepetriger" Typ ist, wie sie gedacht hat, und dass er mittlerweile die hohen Ziele seines inneren und äußeren Lebens fast schon alle erreicht hat. Diese Schritt-für-Schritt-Technik fehlt unserer Löwe-Eva gänzlich. Ihr Motto lautet stets: lieber alles auf einmal.

Von dieser Taktik hat sie aber jetzt auch ziemlich genug, denn wo viel Licht ist, ist auch viel Schatten. Und vor dem hat sie sich am meisten gefürchtet.

Die große wildromantische Liebe wird es zwar nicht sein, ist doch auch ihre sonst alles verglühende Liebesglut mit den Jahren zu einer wärmenden Quelle stetiger herzlicher Menschlichkeit geworden.

Löwe-Frau und Wassermann-Mann

Hier begegnen sich die im Tierkreis gegenüberliegenden Tierkreiszeichen. Also eine von vornherein spannungsgeladene Beziehung.

Im ersten Moment des Kontakts weiß unsere Löwe-Dame wirklich nichts mit ihm anzufangen. Er paßt so überhaupt nicht in ihr sonstiges Männer-Schema. „Was will er eigentlich von mir? Dauernd erzählt er mir von seinen eigenwilligen Ideen und Ansichten über dies und jenes." Anscheinend hat sie keinerlei Wirkung auf ihn gemacht. „Nun, das ist aber komisch. Bis jetzt hat jeder angebissen und mich bewundert."

Ja, hier trifft unsere Herzenskönigin zum ersten Mal einen Mann, der alle Fähigkeiten dazu hat, eine Palastrevolte bei ihr anzuzetteln und sie von ihrem Thron zu stürzen. Bei ihm kann unsere auf emotionale Sicherheit bedachte Löwin den Geschmack von seelisch-emotionaler Freiheit der Gefühlsäußerungen kosten.

Ein Lebensbereich, in den sie sich noch nicht so richtig vorgetraut hat; ist doch die permanente Gefahr des scheinbaren Ichverlustes dort allgegenwärtig. So wird diese Partnerschaft, falls sie sich wirklich ereignet, zu einem andauernden persönlichen Machtstreben. Trotz aller Liebe und allen Verlangens, wird diese Beziehung nur schwerlich zu einem leicht und flüssig gelebten Ereignis werden.

Es gibt zu viele Widerstände in den persönlichen Grundstrukturen, die auf Dauer noch unüberwindbarer erscheinen. Hier haben wir wieder mal zwei ausgesprochene Dickköpfe vor uns, jeder auf seine Art. Nachgeben legen beide, Sonnen-Königin wie auch Wassermann-Adam, als einen grundlegenden Persönlichkeitsverlust aus.

Und schon sind beide wieder in dem energiegeladenen Clinch ihrer Meinungen und Vorstellungen. Dass dabei das zarte Pflänzchen ihrer anfänglichen, unvoreingenommenen Zuneigung und Liebe mit dem Stiefel von unangebrachten Prinzipien zertreten wird, wird keinem im ersten Moment der Auseinandersetzung auffallen.

Es könnte ja so schön sein mit den beiden, wenn sie es verstehen würden, ihre oft übertriebenen Werte und Ziele einer offengelebten Partnerschaft auf ein „normales“ und vernünftiges Maß herunterzuschrauben.

Löwe-Frau und Fische-Mann

Dies ist eine astrologische Konstellation, die man im „normalen“ Leben nicht so oft antreffen wird. Denn unserer sonnenverwöhnten Löwen-Lady erscheint ein typischer, allzu feminin wirkender Fische-Mann viel zu schleierhaft und undurchschaubar in seinem Wollen und Tun.

Seine überaus sensible künstlerische Begabung könnte aber in ihr das mütterliche Gefühl einer Mäzenin zum Klingen bringen. Nur sollte er schon eine mindestens stadtbekannte Größe auf einem der musischen Gebiete sein. Auch wäre eine kurzzeitige Liaison mit einem Fische-Jüngling denkbar, besitzt er doch ein ausgesprochen erogenes Verhältnis zur Erotik und zu sonstigen sinnlichen Genüssen.

Aber auf Dauer würde sie ihm aus seiner fast schon tugendlosen Elastizität und der scheinbaren Haltlosigkeit seiner Gefühlswelten ein läuterndes Fegefeuer zu bereiten versuchen. Aber da spielt unser Fische-Adam nicht so leicht mit, hat er doch überhaupt keine Lust, von ihr regelrecht „abgekocht“ zu werden, und schon ist er auf Nimmerwiedersehen hinweggeschlüpft.

Fische sind nun mal auf keiner Ebene der Wirklichkeitsbewältigung greifbar. Einmal und nie wieder, wird sich unsere in ihrer Ehre gekränkte Löwin schwören. Doch sie kennt die schier unendliche Vielfalt der Gesichter eines Fische-Mannes nicht, um nicht wieder auf sein erneutes Werben und Sinnen um eine stolze und weiblich selbstbewusste Frau einzugehen. Er ist ein vollendeter Schmeichler, und sie wird es sich gerne jederzeit wieder gefallen lassen.

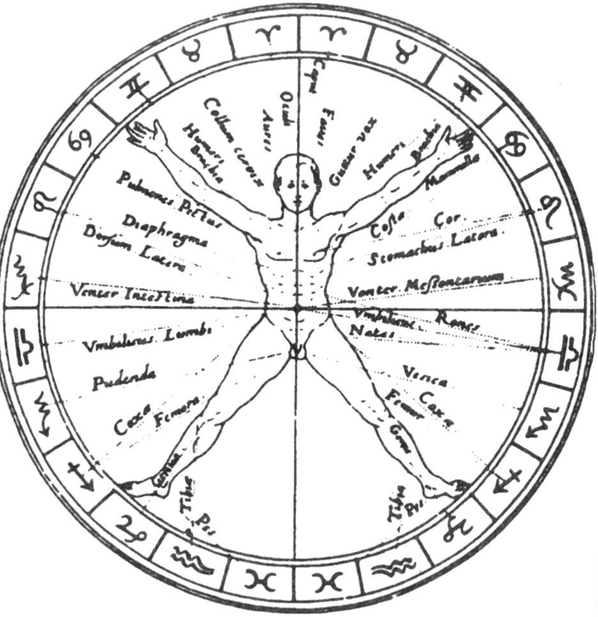

Caput
Oculi
Aures
Facies
Guttur vox
Humeri
Brachia
Pulmones Pectus
Diaphragma
Dorsum Latera
Venter Intestina
Costa
Cor.
Stomachus Latera
Renes
Nates
Pudenda
Coxa
Femora
Vesica
Coxa
Femur
Genu
Tibia
Pes

Berühmte Persönlichkeiten

In diesem Kapitel werden Ihnen einige berühmte Tierkreiszeichenvertreter – historische wie auch kulturelle Persönlichkeiten – vorgestellt. Hierbei geht es weniger um eine vollständige und umfassende Darstellung, vielmehr sollen die tierkreis-typischen Verhaltensweisen, Charaktereigenschaften und „kleine Eigenheiten“ dieser Berühmtheiten herausgestellt werden.

Kaiser Franz Joseph I (18.8.1830)
Er bezeichnete sich selbst als ersten Beamten des Staates, und so lebte er auch. Zwar war er als Herrscher eines gewaltigen Reiches, der österreichisch-ungarischen Doppelmonarchie, zu gewissem Aufwand an Repräsentationen verpflichtet. Doch er lebte eher bescheiden.

Bei all denen, die pflichtmäßig etwas ablieferten, bedankte er sich stereotyp mit dem Worten „Es war sehr schön, es hat mich sehr gefreut“. (Böse Zungen behaupten, er habe das nur getan, weil ein Architekt, dessen Werk er bei der Einweihung nicht gleich lobte, Selbstmord beging.)

Er liebte es, in bürgerlicher Kleidung die Wälder zu durchstreifen und unerkannt mit den Bauern Gespräche zu führen. Im Alter heiratete er sogar eine Bürgerliche.

Seine Aufgabe als Beamter nahm er sehr ernst. Jeden Tag stand er um sechs Uhr auf und erledigte seine Pflichten – teilweise am Stehpult.

Das alles klingt sehr untypisch für einen Löwen. Doch hatte er es als Löwegeborener nicht nötig, sich in Szene zu setzen. Er war die Szene, und das Volk verehrte ihn. Dass Löwen faul sind, stimmt auch nicht. Sie können es sein, können aber genauso konsequent fleißig und ausdauernd sein.

Allerdings: Wenn es um seine persönliche Macht ging, kannte er keinen Spaß. Nie dachte er daran, einen Nachfolger einzuschulen oder die Macht vor seinem Ableben auch nur in kleinen Stücken abzugeben.

Napoleon (15.8.1769)
Wie kaum ein anderer berühmter Löwe hat Napoleon den Drang dieses Zeichens nach persönlicher Macht hemmungslos ausgelebt. Er machte sich durch militärische Erfolge gegen Aufständische und Feinde der Regierung einen Namen. Als er an die Macht kam, verwandelte er das demokratische, aber chaotische Regime in ein vorzüglich organisiertes und streng zentralistisches Verwaltungssystem. Die Fähigkeit des Löwen zur Organisation und zur Zentrierung der Macht schlug da voll durch.

Geheiratet hat er, um die nötige gesellschaftliche Anerkennung zu bekommen. Als seine Gattin, die schöne Josephine, ihren staatsbürgerlichen Pflichten nicht genügte und ihm keinen Nachfolger schenkte, ließ er sich scheiden und rückte mit seiner neuen Ehefrau, der Kaisertochter Marie Louise, wieder einen Schritt höher in der Hierarchie der Adeligen.

Zuletzt konnte er nicht hoch genug hinaus und so krönte er sich selbst zum Kaiser der Franzosen. Als Kaiser bewies er seine löwe-typische Treue zur Familie und setzte seine Brüder als Herrscher über die von Frankreich abhängigen Gebiete ein.

Die siegreichen Feldzüge des an Gestalt kleinen Herrschers sind bekannt. Erst Russland machte ihm den Garaus. Da er den Feldzug gegen das Land der unermesslichen Kälte verlor, ließ er seine Soldaten im Stich und setzte sich in Richtung Heimat ab. (Wenn die Russen die Gnade, von ihm, dem großen Feldherrn, besiegt zu werden, nicht annahmen, dann waren sie seiner auch nicht würdig.)

Seine Herrschaft wird als Mischung zwischen „absolutistischem Herrscherwillen" und „uferlosem Machtdrang" geschildert. Doch bei seinen Soldaten war er sehr beliebt. Er verstand es offenbar hervorragend, seine Mannen ihren Fähigkeiten entsprechend einzusetzen.

Dem wissenschaftlichen Fortschritt stand er aufgeschlossen gegenüber. Er förderte Mathematik, Archäologie und die Ingenieurwissenschaften. Sein eigenes Leben hat er stets inszeniert. Er betrat – nein beschritt die Bühne des Lebens und blieb nach seiner Abdankung und dem etwas geheimnisvollen Tod immer noch eine farbige und von vielen verehrte Figur.

Henry Ford (30.7.1863)
Der Erfinder des Fließbands und des ersten echten „Volkswagens" stellt eine gelungene Mi-

schung aus seinem Zeichen und seinem Oppositionszeichen Wassermann dar.

In vieler Hinsicht war er fortschrittlich und human. Denn er führte nicht nur technische Verbesserungen ein, sondern tat auch einiges für seine Arbeiter. Dennoch blieb er der große Patriarch, der alles im Griff hat.

Ihm ist es zu verdanken, dass Amerika ins Zeitalter des Automobils katapultiert wurde. Entgegen der Meinung seiner Zeitgenossen, für die Autos etwas Elitäres waren, schuf er das Auto fürs Volk. Sein „Model T“, auch „Tin Lizzie“ genannt, kostete im Jahre 1913 nur noch 500 Dollar. „Jeder sein eigener Chauffeur, Demokratie auf der Autobahn“ – sein Konzept setzte sich durch.

Die Produktion macht er so effektiv wie keiner vor ihm. Er normierte Produkte und Prozesse und integrierte Versorgungsfirmen ins große Werk. Diesen zentralistischen Tendenzen stand sein Bemühen gegenüber, die Produktion über viele, dezentral geführte Werke zu verteilen. Immer aber blieb er der perfekte Organisator.

Seinen Arbeitern zahlte er von Anfang an mehr als die Konkurrenz. Außerdem wurden sie am Gewinn beteiligt. Er schätzte Leistung und Disziplin, betonte aber gleichzeitig die Würde der Arbeit, trotz Stechuhr und Fließband.

Von außen ließ er sich nicht dreinreden, weder von seinen Beratern, noch von den Banken, die er hasste. Als er gezwungen wurde, die Macht über

Aktien zu verteilen, ruhte er nicht, bis er persönlich alle Aktien aufgekauft hatte, sodass er wieder die alleinige Kontrolle über seine Firma besaß.

Privat war er halber Vegetarier, Pazifist und Nichtraucher. Eine eigenwillige Mischung.

C.G. Jung (26.7.1875)
Der Schüler Freuds entwickelte bald, wie alle Schüler Freuds, seine eigenen Theorien über die Psyche des Menschen. Die Libido – bei Freud bloße Sexualenergie – wandelte sich bei Jung zur allgemeinen seelischen Energie. Kein Wunder bei einem Löwe, dem stärksten Energiezentrum des Tierkreises.

Auch die Entwicklung des Menschen sah er anders als sein Lehrer. Für ihn ist Entwicklung ein Prozess der Individuation, also der Herausbildung eines zentralen Ichs innerhalb der menschlichen Persönlichkeit. Ein solches Ich-Zentrum ist beim Löwenmenschen an sich schon bestens entwickelt.

Schließlich überraschte er die Welt mit seinen kollektiven Mythen. Feuerwesen sind fasziniert von Symbolen, da sie diese Dinge mit den Mängeln unserer Sprache erklären müssen.

Leider hat ihn die Vorliebe für Mythen dazu gebracht, den Faschismus nazistischer Prägung eine Zeit lang zu bewundern. Denn die Nazis arbeiteten theoretisch mit Mythen. In der Praxis verwendeten sie Gaskammern und andere Vernichtungsinstrumente.

In seiner Lehre von der Gleichzeitigkeit von Ereignissen (Synchronizität) überschritt er die Schranken seines Zeichens und näherte sich dem Oppositionszeichen Wassermann. Denn der Wassermann kennt keine Grenzen von Raum und Zeit. Für ihn ist alles gleichzeitig und überall.

Jedenfalls hat Jung unser Denken ungewöhnlich befruchtet. Durch seine Betonung des Symbolischen (im Gegensatz zur Logik der Sprache) hat er zukunftsweisende Wege der Interpretation eingeschlagen.

Das Chinesische Horoskop

Der chinesische Mondkalender

Die chinesische Astrologie wird vom Mond beherrscht und nicht von der Sonne, wie der westliche Tierkreis. Der chinesische Mondkalender gilt als die älteste Zeitrechnung der Menschheit. Er wurde im Jahre 2637 v. Chr. von dem chinesischen Kaiser Huang-ti eingeführt.

Über die Entstehung des chinesischen Tierkreises gibt es eine alte Legende. Diese besagt, dass Buddha, als er die Erde verlassen wollte, alle Tiere zusammenrief, um sich von ihnen zu verabschieden. Doch nur zwölf Tiere folgten seinem Ruf. Zur Belohnung schenkte Buddha jedem Tier ein Jahr und zwar in der Reihenfolge ihrer Ankunft: Zuerst traf die Ratte ein, dann kamen nacheinander der Büffel, der Tiger, die Katze, der Drache, die Schlange, das Pferd, die Ziege, der Affe, der Hahn, der Hund und zuletzt das Schwein.

Jedes Tier beherrscht in einem Zyklus ein bestimmtes Jahr. Ein voller Zyklus umfasst sechzig Mondjahre und setzt sich aus fünf einfachen Zyklen von je zwölf Jahren zusammen. Danach beginnt der Zyklus wieder von vorne. Jedes Jahr ist auf diese Weise einem der zwölf Tiere zugeordnet.

Das jeweilige Tier charakterisiert das ihm unterstellte Jahr und beeinflusst das Leben der Menschen, die in diesem Jahr geboren wurden.

Wie auch in der westlichen Astrologie werden den zwölf chinesischen Tierkreiszeichen bestimmte

Qualitäten und Elemente zugeordnet, die sich jedoch von denen des westlichen Tierkreises unterscheiden. Dies sind die Qualitäten Yin und Yang und die Elemente Wasser, Feuer, Holz, Metall und Erde.

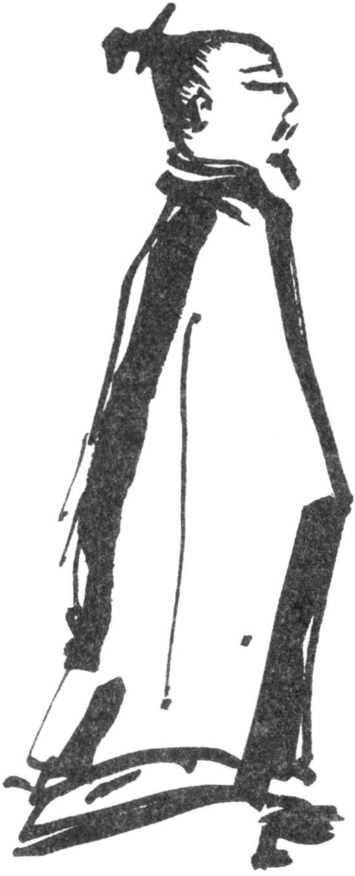

Die Bedeutung von Yin und Yang

Yin und Yang sind zwei Begriffe, die aus der alten chinesischen Philosophie stammen. Nach dem taoistischen Glauben existiert das Leben mit all seinen Erscheinungsformen durch die Bewegung von Energie zwischen zwei Polen, die als Yin und Yang bezeichnet werden. Sie sind die polare Energiemanifestation der kosmischen Urenergie, genannt Chi.
Yin und Yang sind ein Gegensatzpaar – wie männlich und weiblich, positiv und negativ oder zentripetal und zentrifugal –, durch das Leben entsteht. Die Polarität dieser Gegensätze finden wir in allen Lebensformen wieder. Dabei repräsentiert Yin den weiblichen Pol und wird mit den rezeptiven Kräften in Verbindung gebracht. Man ordnet Yin die Empfänglichkeit, die Intuition, die Nachgiebigkeit usw. zu. Yang ist der männliche, aktive Pol, dem die Initiative, das rationale Handeln, das logische Denken usw. entspricht.

Yin und Yang bilden eine Einheit, da sie sich genau ergänzen. Diese Einheit wird durch einen Kreis dargestellt – das Urprinzip allen Seins und Symbol der Harmonie. Das Gleichgewicht dieser beiden Kräfte ist daher auch verantwortlich für die Herstellung und Erhaltung der Harmonie, sei es im Körper, in der Seele oder im gesamten Kosmos. Aus diesem Grund hat auch jeder Mann (Yang) einen weiblichen Teil (Yin) in sich und jede Frau (Yin) einen männlichen (Yang), eine Vorstellung, die wir auch aus der westlichen Psychologie kennen (die so genannte Anima des Mannes und der so genannte Animus der Frau).

Die chinesischen Tierkreiszeichen werden entsprechend dieser Lehre in sechs Yin-Zeichen und sechs Yang-Zeichen unterteilt. Man sagt, der Yin-Typ sei eher introvertiert, fürsorglich, gefühlsbetont und intuitiv, während der Yang-Typ eher extrovertiert, individualistisch und unabhängig ist. Der Yin-betonte Mensch versucht sich im Kontakt mit anderen Menschen zu verwirklichen, während der Yang-betonte sein Gleichgewicht in sich selbst finden will. Yin-Menschen handeln eher überlegt, Yang-Menschen handeln meist aus einem spontanen Impuls heraus.

Die Tierkreiszeichen, die dem Yin-Prinzip zugeordnet werden, sind folgende: Ratte, Büffel, Katze, Affe, Hund und Schwein. Zum Yang-Prinzip gehören Tiger, Drache, Schlange, Pferd, Ziege und Hahn.

Die fünf Elemente

In der chinesischen Astrologie gibt es fünf Elemente: Metall, Wasser, Holz, Feuer und Erde. Wie Yin und Yang sind auch die fünf Elemente alle gleichwertig und hängen voneinander ab. Alle Elemente stehen in einer Wechselbeziehung zueinander, die wiederum für das Gesamtgleichgewicht ausschlaggebend ist.

Jedes Jahr wird mit einem Element verbunden. Daraus ergibt sich, dass jedes der zwölf Tierkreiszeichen wiederum mit einem bestimmten Element kombiniert wird. Um das Element zu finden, das Ihrem Geburtsjahr zugeordnet wird, können Sie den folgenden Schlüssel verwenden.

Wenn Ihr Geburtsjahr am Ende folgende Ziffern hat, entspricht ihm das in der Tabelle angegebene Element:

1 und 6 = Wasser
2 und 7 = Feuer
3 und 8 = Holz
4 und 9 = Metall
5 und 0 = Erde

Das Element Wasser

Menschen, die in einem Wasser-Jahr geboren wurden, sind gefühlsbetont und weich. Aber sie leben und handeln nach dem Motto: „Steter Tropfen höhlt den Stein“. Mit ihrer Ausdauer schaffen sie es, selbst den härtesten Fels zu

Sand zu zermahlen. Darüber hinaus hat Wasser die Eigenschaft, sehr flexibel zu sein. Dies bedeutet einerseits, dass Wasser-Menschen über eine gute Anpassungsfähigkeit verfügen, andererseits aber auch gerne den Weg des geringsten Widerstandes gehen. Besonders ausgeprägt ist die Intuition der in einem Wasser-Jahr Geborenen.

Das Element Feuer

Das Element Feuer verleiht Entschlusskraft und Selbstsicherheit. Menschen, die unter diesem Element geboren wurden, ergreifen gerne die Initiative und sind voller Schwung und Tatendrang. Im Gegensatz zu Wasser-Menschen sind sie eher ungeduldig. Sie reagieren sehr impulsiv, wobei sie oft dominant und egoistisch wirken. Wie ihr Element, besitzen sie ein feuriges Temperament, und wenn es mit ihnen durchgeht, können sie ziemlich hitzköpfig sein. Wenn der Feuer-Geborene sich jedoch im Zaum hält, liegt sein stärkstes Talent darin, die Dinge ohne zu zögern anzupacken und zielstrebig zu Ende zu führen. Was dabei herauskommt, ist meist sehr erfolgreich!

Das Element Holz

Menschen, die in einem Jahr des Holzes geboren wurden, sind sehr umgänglich, einfühlsam und vertrauenswürdig. Sie verstehen es ausgezeichnet, gemeinsam mit anderen große Projekte zu realisieren, wobei sie die Lorbeeren nicht für sich alleine ernten wollen. Holz-Geborene besitzen ein großzügiges Denken und viel Toleranz. Sie verfügen über ein gesundes Maß an Materialismus, den sie sich gut zu Nutze machen können. Das Element Holz birgt die Gefahr, dass man sich zu viel zumutet oder seine Möglichkeiten überschätzt.

Im besten Falle aber liegt die Begabung dieses Elements in der Realisierung großer Pläne und Aufgaben.

Das Element Metall

Wie das Element Metall, wirkt der in einem Metall-Jahr Geborene recht unbeugsam und starrköpfig. Wenn er sich ein Ziel gesetzt hat, lässt er sich durch nichts davon abbringen, es auch zu erreichen.

Dabei zieht er den Alleingang vor und lehnt jede Einmischung in seine Angelegenheiten energisch ab. Metall-Menschen müssen lernen, nicht immer mit dem Kopf durch die Wand rennen zu wollen, wenn die Sympathie anderer Menschen nichts aufs Spiel gesetzt werden soll – obgleich das „Wände einrennen“ zugegebenermaßen eine der stärksten Seiten des Metall-Typs ist!

Das Element Erde

Der in einem Erde-Jahr Geborene ist praktisch und realistisch. Er besitzt einen gesunden Unternehmungsgeist, wobei er sich aber nie in unrealistische Pläne versteigt, sondern vielmehr solide Projekte auf die Beine stellt.

Seine Handlungen sind stets wohl überlegt und gründlich durchdacht, weshalb das, was er tut, meist auch bestens funktioniert. Sein Verantwortungsbewusstsein und seine Disziplin verdienen aufrichtige Bewunderung, obwohl er auf Vertreter anderer Elemente oft etwas zu konservativ und nüchtern wirkt. Doch alles, was ein Erdmensch anpackt, hat Hand und Fuß – und darüber hinaus ein absolut sicheres Fundament!

Der Weggefährte

Wie in der westlichen Astrologie spielt die Geburtszeit auch in der chinesischen eine besondere Rolle. Im westlichen Horoskop ergibt sich aus der Geburtszeit der so genannte Aszendent, dem im chinesischen der „Weggefährte“ entspricht.

Die vierundzwanzig Stunden des Tages werden wiederum in zwölf Abschnitte unterteilt, die jeweils einem Tierkreiszeichen zugeordnet werden. Dabei beginnt der Tag des chinesischen Mondkalenders um 23 Uhr. Der Weggefährte beeinflusst die Qualität des Tierkreiszeichens, unter dem man geboren ist.

Jede der zwölf möglichen Kombinationen von Tierkreiszeichen und Weggefährten bewirkt eine spezielle Färbung der individuellen Persönlichkeit.

Um herauszufinden, welcher Weggefährte ihr Tierkreiszeichen begleitet, suchen Sie bitte in der folgenden Tabelle Ihre Geburtszeit. Das Tier, das in diesen Zeitabschnitt fällt, ist Ihr Weggefährte: Wenn Sie wissen wollen, wie der Weggefährte Ihr Tierkreiszeichen beeinflusst, lesen Sie bitte unter beiden Zeichen nach und kombinieren Sie die Eigenschaften beider miteinander. Sollten Sie unter einem Doppelzeichen geboren sein, das heißt, nach Ihrem Geburtsjahr und Ihrer Geburtsstunde sind Sie beispielsweise Ratte/Ratte, bedeutet dies, dass die Qualitäten dieses Tierkreiszeichens in Ihrer Persönlichkeit besonders markant sind und in Ihrem Leben besonders stark zum Ausdruck kommen.

Stundentabelle

23.00	- 1.00 Uhr	– Ratte
1.00	- 3.00 Uhr	– Büffel
3.00	- 5.00 Uhr	– Tiger
5.00	- 7.00 Uhr	– Katze
7.00	- 9.00 Uhr	– Drache
9.00	- 11.00 Uhr	– Schlange
11.00	- 13.00 Uhr	– Pferd
13.00	- 15.00 Uhr	– Ziege
15.00	- 17.00 Uhr	– Affe
17.00	- 9.00 Uhr	– Hahn
19.00	- 21.00 Uhr	– Hund
21.00	- 23.00 Uhr	– Schwein

Die Ermittlung Ihres chinesischen Tierkreiszeichens

Um Ihr „Haupttierkreiszeichen“, das so genannte „Jahreszeichen“, zu ermitteln, benötigen Sie die Jahreszahlentabellen, die Sie vor der Beschreibung jedes Tierkreiszeichens finden. Suchen Sie in den zwölf Tabellen nach Ihrem Geburtsdatum.

Auch hier unterscheidet sich der chinesische Kalender vom westlichen. Wie Sie aus den Tabellen ersehen werden, beginnt die Einteilung der Jahre nicht am ersten Tag des Monats. Das Jahr der Ratte beginnt beispielsweise am 31.01.1900 und endet am 19.02.1901. Daher sind Tabellen, die nur die Jahreszahlen angeben, ungenau. Wer am 10.02.1901 geboren ist, ist Ratte. Wer hingegen am 10.03.1901 geboren ist, ist Büffel.

Beispiel
Geburtsdatum: 22.01.1950, 4.30 Uhr

Um Ihnen die Suche in den zwölf Tabellen zu erleichtern, hier eine kleine Hilfestellung:

Die chinesischen Tierkreiszeichen, beginnend mit dem Zeichen Ratte im Jahre 1900, halten immer die gleiche Reihenfolge ein.
Das heißt:

1900 = Ratte, 1901= Büffel, 1902= Tiger, 1903= Katze, 1904 = Drache, usw. bis 1911 = Schwein. Das Jahr 1912 ist dann wieder ein Jahr der Ratte, 1913 = Büffel usw.

Wenn Sie, ausgehend vom Jahr 1900, solange mit 12 multiplizieren, bis Sie Ihr Geburtsjahr erreichen oder annähernd erreichen, können Sie bei jedem Zwölfer-Abschnitt mit der Ratte beginnen und bis zu Ihrem Geburtsjahr weiterzählen:

In unserem Beispiel heißt das: in (19)50 geht 12 viermal, Rest 2. Daraus folgt: 12 x 4 = (19)48 + 2 = (19)50.

Daraus ergibt sich: 1948 ist wieder ein Jahr der Ratte, 1949 ein Jahr des Büffels und 1950 ein Jahr des Tigers.

Da Geburtsdaten, die in die Monate Januar und Februar fallen, immer genau im Zeichenwechsel des chinesischen Tierkreises liegen, müssen Sie in diesem Fall in der Tabelle vor und nach dem Zeichen Tiger nach Ihrem Geburtsdatum suchen.

In unserem Beispiel finden wir den 22.01.1950 nicht in der Tabelle des Zeichens Tiger, da dieses erst ab dem 17.02.1950 beginnt. Da unser Datum vor dem 17.02.1950 liegt, suchen wir nun bei dem Zeichen, das vor dem Tiger kommt, nämlich Büffel.

Ihren Weggefährten finden Sie leichter: Sehen Sie in der Stundentabelle nach, in welchem Zeitabschnitt Sie geboren sind.

In unserem Beispiel ist die Geburtszeit 4.30 Uhr. In der Tabelle finden wir:

3.00 – 5.00 Uhr – Tiger.

Wenn Sie um 4.30 Uhr geboren sind, ist Ihr Weggefährte Tiger.

Auch Ihr Element finden Sie sehr leicht: Schlagen Sie dazu die Elementen-Tabelle auf. In unserem Beispiel endet das Geburtsjahr mit der Zahl 0. In der Tabelle finden wir:

5 und 0 = Erde.

Wenn Sie im Jahr 1950 geboren sind, ist Ihr Element Erde. Unser Beispiel ergibt insgesamt: Büffel/Tiger/Erde!

Um zu erfahren, welche individuelle Persönlichkeit der unter diesem Zeichen Geborene hat, lesen wir in Bezug auf unser Beispiel nun als Erstes unter „Büffel“ nach, dann unter „Tiger“ und „Erde“.

Um ein ganz exaktes Bild von Ihrer persönlichen Veranlagung zu erhalten, die Sie mit in dieses Leben gebracht haben, sollte auch das westliche Horoskop berücksichtigt werden. Die chinesischen Tierkreiszeichen, so wie sie hier dargestellt sind, können Ihnen zusätzliche Informationen über Ihre Persönlichkeit liefern. Man sollte sich aber immer vergegenwärtigen, dass die Kombination aller Zeichen Ihres Gesamthoroskops erst Ihre Individualität widerspiegelt, die bei der Vielzahl der Kombinationsmöglichkeiten tatsächlich einmalig ist.

Die zwölf chinesischen Tierkreiszeichen

Ratte

Yin; festes Element: Wasser
Chinesischer Name: Schu

Jahreszahlentabelle Ratte

31.1.1900	–	19.2.1901
18.2.1912	–	6.2.1913
5.2.1924	–	25.1.1925
24.1.1936	–	11.2.1937
10.2.1948	–	29.1.1949
28.1.1960	–	15.2.1961
15.2.1972	–	2.2.1973
2.2.1984	–	19.2.1985
19.2.1996	–	6.2.1997
7.2.2008	–	25.1.2009

(Die angegebenen Daten beziehen sich auf den ersten und den letzten Tag im Jahr des betreffenden Zeichens.)

Die Ratte-Persönlichkeit
Ganz im Gegensatz zu der Vorstellung, die wir von der Ratte im Naturreich haben, sagt man den in einem Ratte-Jahr geborenen menschlichen Vertretern dieses Tierkreiszeichens ausgesprochen positive Qualitäten nach. Es heißt, die Ratte sei attraktiv, charmant, liebenswert und verführerisch. Darüber hinaus zeigt sie auch noch einen Hang zum Besonderen.

Der Ratte-Geborene tanzt gerne aus der Reihe – und auch gerne auf dem Glatteis. Mittelmäßigkeit ist ihm ein Gräuel und Langeweile sein ärgster Feind. Aus diesem Grund übertritt er mit Vorliebe Verbote, Anstandsregeln und Tabus. Sie können sich sicherlich vorstellen, dass diese Mischung aus Exzentrik und kapriziösem Verhalten auf den ersten Blick eine starke Faszination ausüben kann.

Die Ratte besitzt eine fast magische Anziehungskraft auf ihre Mitmenschen, was nicht verwundert, wenn man ein wenig tiefer in die Geheimnisse ihrer Persönlichkeit eindringt.

Ratte-Menschen geben nur ungern ihre tiefen und innersten Geheimnisse preis. Der Wunsch des Ratte-Menschen, lieber selbst alles im Griff zu haben, resultiert aus einem extremen Sicherheitsbedürfnis. Und um dieses Bedürfnis zu befriedigen, ist er mit einem gesunden Maß an Aggressivität, Durchsetzungswillen, Berechnung und Listigkeit ausgestattet.

Doch wie bei allem im Leben gibt es auch hier eine Kehrseite der Medaille: Ratte-Menschen sind tatkräftig, kreativ, phantasiereich, originell, kontaktfreudig und unterhaltsam. Kein Wunder, dass sie ein wahres Führungstalent besitzen, wie wir bei den berühmten Vertretern dieses Tierkreiszeichens sehen werden.

Die Ratte und ihr Gefühlsleben

Ratte-Menschen sind ausgesprochen gefühlsbetont und vor allem sehr, sehr leidenschaftlich.

Wenn sie glücklich sind und sich geliebt und verstanden fühlen, mangelt es ihnen nicht an Treue. Darüber hinaus besitzen Sie mit der Liebe einer Ratte nicht nur ihre Treue, sondern auch ihre Kameradschaft und volle Unterstützung. Vor anderen verteidigt die Ratte ihren Partner bis aufs Messer.

Doch eines sollten Sie vermeiden: Enttäuschen Sie Ihre Ratte nicht, und lassen Sie sie nicht allzu oft allein. Obwohl wir es in diesem Fall mit einem wahrhaftigen Außenseiter zu tun haben, hat der Ratte-Geborene viel Familiensinn.

Wie wir bereits wissen, legen Ratten keinen besonderen Wert auf Traditionen und Konventionen. Doch das Chaos, das einem bei oberflächlicher Betrachtung im Heim einer Ratte entgegenschlägt, entpuppt sich bei genauerem Hinsehen als wohl geordnet. Es ist eben alles nicht ganz so, wie man es gewöhnt ist, und schon gar nicht, wie man es erwartet.

Hier einige Tipps für ein harmonisches Zusammenleben mit Ihrem Rattepartner. Als Erstes sollten Sie Ihre leidenschaftlichen Gefühle auf keinen Fall verbergen. Im Gegenteil: Ihre Ratte liebt Vulkanausbrüche! Wenn Sie Ihre Ratte betrügen, müssen Sie damit rechnen, dass sie sofort zum Gegenschlag ausholt und sie – fast augenblicklich – „zurück-betrügt“.

Falls Ihre Ratte Sie betrügt, war dies ein reines Versehen. Sie werden sicherlich Verständnis dafür aufbringen, sobald Ihre Ratte ihr Plädoyer gehalten hat. Sie werden ein aufrichtiges Schuldeingeständnis mit all den dazugehörigen und absolut einsichtigen Gründen für dieses Missgeschick erhalten.

Ratte-Menschen sind sehr gute Eltern. Wenn Sie Ihre Ratte nicht zu einer sofortigen Annullierung der Ehe zwingen wollen, sollten Sie Ihre Flitterwochen nicht unbedingt pauschal buchen. Geregelte Frühstückszeiten, Vollpension und womöglich ein fester Liegestuhl mit Sonnenschirm am Strand sind für den Ratte-Geborenen ein sicherer Scheidungsgrund.

Und noch etwas, wie Sie das Herz Ihrer Ratte betören können: Schenken Sie Ihrer Ratte zum Geburtstag nicht immer nur Dinge, die wir gewöhnlich als nützlich betrachten. Sicherlich liebt Ihre Ratte-Dame einen gut ausgestatteten Haushalt und Ihr Ratte-Mann eine beeindruckende Bücherwand.

Der Weg zum Erfolg im Zeichen Ratte
Die Ratte liebt ihre Unabhängigkeit. Darüber hinaus ist sie ein ausgesprochener Individualist. Ihr Talent besteht als Erstes darin, zu beweisen, dass alle festen Regeln und Gewohnheiten mit einem Handstreich zunichte gemacht werden können.

Wie klettert eine Ratte die Erfolgsleiter hinauf? Nun, bekanntlich sind Ratten Nagetiere. Also wird die Ratte den sprichwörtlichen Stuhl nicht absägen, sondern durchnagen. Weil sie dies vornehmlich im Dunkeln tut, kann es sein, dass Sie nichts davon bemerken, bis Sie umkippen.

Berühmte Ratte-Persönlichkeiten
Konrad Adenauer, Johann Sebastian Bach, Marlon Brando, Prinz Charles, Doris Day, Mata Hari, Wolfgang Amadeus Mozart, Ronald Reagan, William Shakespeare, Donna Summer.

Büffel

Yin; festes Element: Wasser
Chinesischer Name: Nyu

Jahreszahlentabelle Büffel

19.2.1901 –	8.2.1902
6.2.1913 –	26.1.1914
25.1.1925 –	13.2.1926
11.2.1937 –	31.1.1938
29.1.1949 –	17.2.1950
15.2.1961 –	5.2.1962
3.2.1973 –	22.1.1974
20.2.1985 –	8.2.1986
7.2.1997 –	27.1.1998
26.1.2009 –	13.2.2010

Die Büffel-Persönlichkeit
Der Büffel ist ein sehr erdverbundenes Zeichen. Das bedeutet, dass er es mit seiner bewundernswerten Geduld und Ausdauer Schritt für Schritt zu beträchtlichem Wohlstand bringt. Seine Hartnäckigkeit und sein Pflichtbewusstsein sind der Grund, warum ihm manche Menschen vorwerfen, er sei ein „Dickschädel“. Er ist ein unermüdlicher Arbeiter, und alles, was er anpackt und angeht, hat Hand und Fuß.

Alles, was ein Büffel-Geborener anpackt, gelingt auch meist. Wenn er eine Aufgabe übernimmt, plant er sie mit Methode und führt sie zuverlässig zu Ende. Dabei nimmt er sich Zeit, anstatt überhastet und unbedacht darauf los zu stürmen.

Wenn er dies erledigt hat, sollten Sie sich in Acht nehmen, denn plötzlich stürmt der Büffel los. Wenn dieser kraftstrotzende Zeitgenosse erst einmal aktiv geworden ist, kann ihn nichts mehr bremsen, und Sie sollten besser das Feld räumen, wenn er über die Prärie donnert.

Manchmal macht der Büffel den Eindruck, als sei er die Ruhe selbst. Das ist er auch, solange Sie so klug sind, ihn nicht zu provozieren. Wenn ein Büffel tobt, können Sie sich nur noch in Sicherheit bringen, bis sich der Sturm wieder gelegt hat!

Obwohl der Büffel ein Herdentier ist, bleibt er immer ein Individualist. Er liebt seine Unabhängigkeit, ist originell und lebt nach seinen eigenen Prinzipien. Versuchen Sie daher nicht, ihn zu ändern. Vielmehr vertrauen Sie ihm, so wie er ist. Und das können Sie blind, denn es heißt, der Büffel sei das vertrauenswürdigste, ehrlichste und treueste Zeichen.

Der Büffel und sein Gefühlsleben
Obwohl der Büffel-Geborene seine Unabhängigkeit liebt und so leben will, wie es ihm gefällt, besitzt er all die Eigenschaften, die man an einem Lebenspartner schätzt. Sicherheit spielt bei einem Büffel eine große Rolle. Er geht feste und

dauerhafte Beziehungen ein und ist seinem Partner treu ergeben. Er hält nichts von kurzen Liebesromanzen und flüchtigen Abenteuern, weshalb etwas flatterhaft veranlagte Menschen bei ihm auf Granit beißen.

Wenn Sie einen Büffel lieben, sollten Sie sich an praktischen Dingen erfreuen können. Ihr Büffel schätzt es nicht, sein Geld für unnützen Firlefanz auszugeben. Und für überschwängliche Liebesbeteuerungen hat er meistens keine Zeit.

Wie Sie bereits wissen, reagiert der Büffel sehr empfindlich auf das sprichwörtliche rote Tuch. Deshalb sind Sie gut beraten, es nicht unbedingt auf die Spitze zu treiben.

Wenn Sie ein Heim und eine Familie gründen wollen, ein gesichertes Einkommen und Ihren Lebensabend mit einem beachtlichen Bankguthaben und einem komfortablen Eigenheim verbringen wollen, sollten Sie sich einen Büffel an Land ziehen.

Der Weg zum Erfolg im Zeichen Büffel
Wie wir bereits wissen, ist der Büffel ein zäher, zielstrebiger und ausdauernder Arbeiter.

Darüber hinaus lässt er sich keine Vorschriften machen, dafür ist er schlichtweg zu unabhängig und individualistisch veranlagt. Vielmehr entspricht es eher seiner Natur, die Regeln selbst zu bestimmen. Aus diesem Grund ist der Büffel-Geborene nicht dazu bestimmt, eine Position zu bekleiden, in der er nichts zu sagen hat. Der Büffel hat das Gefühl, dass er seine Arbeit selbst am besten erledigen kann. Daher lehnt er Hilfe meistens ab.

Büffel sind keine Träumer und bauen keine Luftschlösser. Sie sind praktisch und realistisch, und so gehen sie auch an ihre Projekte heran. Daher kann man sicher sein, dass ein Büffel-Geborener die Pläne, die er in Angriff nimmt, auch verwirklichen wird – und noch dazu mit großem Erfolg.

Berühmte Büffel-Persönlichkeiten
Aristoteles, Richard Burton, Willy Brandt, Gary Cooper, Charlie Chaplin, Prinzessin Diana, Walt Disney, Hermann Hesse, Hildegard Knef, Jack Nicholson, Robert Redford, Vanessa Redgrave.

Tiger

Yang; festes Element: Holz
Chinesischer Name: Hu

Jahreszahlentabelle Tiger

8.2.1902	–	29.1.1903
26.1.1914	–	14.2.1915
13.2.1926	–	2.2.1927
31.1.1938	–	19.2.1939
17.2.1950	–	6.2.1951
5.2.1962	–	25.1.1963
23.1.1974	–	10.2.1975
9.2.1986	–	28.1.1987
28.1.1998	–	15.2.1999
14.2.2010	–	2.2.2011

Die Tiger-Persönlichkeit

Der Tiger gilt als ein Glückszeichen. In China schreibt man diesem königlichen Tier Macht und Kühnheit zu.

Daher der Glaube, der Tiger sei ein Zeichen des Schutzes, das Kraft verleiht. Die chinesischen Astrologen sagen jedoch auch, dass das Leben der Tiger-Geborenen sehr risikoreich sein kann. Der Tiger gilt als wagemutig, leichtsinnig und abenteuerlustig, was ihn manchmal in Gefahr bringen kann.

Der Tiger-Geborene sprüht vor Lebenslust. Er ist ständig in Aktion, und seine Energie scheint unerschöpflich.

Sein unerschütterlicher Optimismus bewahrt ihn davor, sich um materielle Dinge und ein gesichertes Leben kümmern zu müssen. Der Tiger sorgt sich wenig darum, Geld zu verdienen.

Trotzdem hat er meistens genug Geld und gibt es genauso großzügig wieder aus, um bald darauf wieder im Geld zu schwimmen. Man möchte nun glauben, dass er dafür hart arbeiten muss oder eine geniale Erfindung gemacht hat. Aber dem ist nicht so. Der Tiger hat ganz einfach Glück – und eine Menge Fans, die ihn immer gerne großzügig unterstützen.

Tiger sind leidenschaftlich, gefühlvoll und sehr menschlich. Logischen Argumenten gegenüber sind Tiger nicht so aufgeschlossen, dafür aber umso mehr Lob und Streicheleinheiten.

Das Leben des Tigers ist oft so chaotisch, dass ein anderer glatt Selbstmord begehen würde. Aber nicht so der Tiger, den Sodom und Gomorrha noch lange nicht aus der Fassung bringen können. Und wenn ihm eine Sache doch etwas zu heiß wird, rettet er sich mit einem eleganten Sprung und landet wieder sicher auf allen Vieren!

Obwohl man es nach all dem kaum glauben möchte, besitzen Tiger eine ausgesprochen treue Seele. Sie sind großzügig und haben einen ausgeprägten Gerechtigkeitssinn. Freiheit geht ihnen über alles, vor allem ihre eigene. Jeder, der versucht, sie einzuengen oder ihnen sogar Zwänge oder Regeln aufzuerlegen, lernt das Raubtier in ihnen kennen.

Der Tiger und sein Gefühlsleben

Es ist nicht schwer zu erraten, dass der Tiger sich nicht gerne an die Kette legen lässt. Sollten Sie es dennoch versuchen, werden Sie sehr bald feststellen, dass Sie an Ihrem faszinierenden König des Dschungels keinen besonderen Spaß mehr haben. Aber eines kann Sie beruhigen: Der Tiger ist von Natur sehr treu.

Tiger sind überaus gefühlvoll und großzügig. Darüber hinaus hassen sie jegliche Heuchelei. Was ein Tiger sagt, das meint er auch so. Daher wird er Sie auch nicht belügen.

Wenn Sie sich einen Tiger einfangen wollen, machen Sie sich rar. Tiger machen nicht gerne leichte Beute und lieben die Eroberung.

Ein Tiger kommt sein Leben lang nicht aus der Sturm-und-Drang-Zeit heraus. Wenn Sie sich also zu einem Tiger gesellen wollen, ist das Einzige, was absolut sicher ist, dass es Ihnen nie langweilig wird.

Der Weg zum Erfolg im Zeichen Tiger
Mit seiner Dynamik und seinem Optimismus scheut der Tiger kein Risiko. Er lässt sich auf die waghalsigsten Unternehmungen im blinden Vertrauen ein, dass ihm das Glück schon hold sein wird.

In einer Position, in der seine Freiheit eingeschränkt ist, wird man einen Tiger kaum finden und wenn, dann nicht sehr lange. Klarer Fall, dass er der Herrscher ist, und wer dies in Frage stellt, wird sehr bald eines Besseren belehrt werden.

Der Tiger ist ein Erfolgstyp. Aber er will im Alleingang zu Ruhm und Ehren gelangen und lehnt jede Einmischung in seine Angelegenheiten ab. Nur wenn er das Gefühl hat, es ganz alleine geschafft zu haben, empfindet er seinen Sieg als wahren Triumph.

Auch im Berufsleben braucht der Tiger Bewegung. Daher kann es passieren, dass er öfter eine neue Beschäftigung braucht, weil ihm die alte zu langweilig geworden ist.

Als Selfmade-Typ wird er wohl kaum beständig eine Stufe nach der anderen die Karriereleiter hinaufklettern. Er nimmt die ganze Leiter mit einem

Satz, und wenn ihm das nicht auf Anhieb gelingt, probiert er lieber gleich eine andere Leiter aus.

Berühmte Tiger-Persönlichkeiten
Prinzessin Anne, Königin Elisabeth II., Alec Guinness, Thor Heyerdahl, Marilyn Monroe, Elisabeth Kübler-Ross, Romy Schneider.

Katze

Yin; festes Element: Holz
Chinesischer Name: Tu

Jahreszahlentabelle Katze

29.1.1903	–	16.2.1904
14.2.1915	–	3.2.1916
2.2.1927	–	23.1.1928
19.2.1939	–	8.2.1949
6.2.1951	–	27.1.1952
25.1.1963	–	13.2.1964
11.2.1975	–	30.1.1976
29.1.1987	–	16.2.1988
16.2.1999	–	4.2.2000
3.2.2011	–	22.1.2012

Die Katze-Persönlichkeit
Allen Sprichwörtern zufolge hat die Katze sieben Leben. Ebenso herrscht in China der Glaube, dass das Tierkreiszeichen der Katze ein Symbol der Langlebigkeit ist. Die Katze gibt ein Bild vollendeter Grazie, Eleganz und Harmonie ab. Wie ihre Artgenossen aus dem Tierreich sind auch die menschlichen Vertreter dieses Zeichens ausge-

sprochen geschmeidig und gewandt. Sie verfügen über diplomatisches Geschick und vermeiden, wenn möglich, jeden Streit oder Konflikt.

Katzen sind eher vorsichtig und gehen der Gefahr aus dem Weg. Wenn man sie jedoch in die Enge treibt und ihnen kein anderer Ausweg bleibt, zeigen sie die Krallen und beweisen, dass sie doch eine entfernte Verwandschaft mit einem Raubtier haben.

Mit ihrer warmherzigen, feinfühligen und geselligen Art sind Katzen sehr beliebt als Gastgeber, Freund, Kollege und Partner. Sie glänzen gerne in einem kleinen, vertrauten Kreis, während sie draußen in der Welt eher zurückhaltend und vorsichtig sind.

Alles Unvorhergesehene ist einem Katze-Geborenen sehr verhasst. Ein unerwartetes Ereignis, auf das er sich nicht lange vorbereiten konnte, bringt ihn völlig aus dem Gleichgewicht.

Eine Katze erreicht ihre Ziele niemals dadurch, dass sie mit dem Kopf durch die Wand rennt. Im Gegenteil, sie setzt ihren Willen mit Takt und viel Geschick durch. Sie besitzt ein ausgeprägtes Fingerspitzengefühl für die Art, wie man mit anderen Menschen am besten verhandelt. Daher hat sie auch eine glückliche Hand für gute Geschäfte.

Katzen sind auf charmante und ganz bezaubernde Art raffiniert. Sie schaffen es, ihren ärgsten Feind so geschickt zu umgarnen und ihm so gekonnt zu schmeicheln, dass er glatt dahinschmilzt und ins feindliche Lager überwechselt.

Stress ist für die Katze ein Fremdwort, und wenn jemand versucht, sie anzutreiben, verkriecht sie sich erst einmal hinter dem Ofen, und niemand kann sie so schnell wieder hervorlocken. Katzen sind die geborenen Lebenskünstler.

Die Katze und ihr Gefühlsleben
Katzen sind verständnisvoll und feinfühlig. Wenn Sie jemandem Ihr Herz ausschütten wollen, sind Sie bei einer Katze am richtigen Platz. Wenn Sie aber jemanden brauchen, der Sie bis aufs Messer verteidigt oder sein letztes Hemd für Sie opfert, sollten Sie besser einen Tiger oder einen Hund aufsuchen. Einer Katze dürfen Sie nicht allzu sehr zur Last fallen. Das bringt sie aus der Ruhe!

Da Katzen sehr viel Liebe und Zärtlichkeit brauchen und darüber hinaus auch noch überaus intelligent sind, wissen sie genau, wie sie sich ihre Bedürfnisse erfüllen können. Sie umschmeicheln ihre Auserwählten so liebevoll, dass diese ihren Liebesbezeugungen nicht widerstehen können und meistens nachgeben.

Der Katze-Geborene braucht ein sicheres, warmes Nest, in dem er sich rundherum wohlfühlen kann. Wenn er es einmal gefunden hat, wird er es so schnell nicht wieder verlassen.

Der Weg zum Erfolg im Zeichen der Katze
Die Katze ist der geborene Diplomat, daher kommt sie gut mit anderen Menschen zurecht.

Auch das Rampenlicht tut ihren Augen weh, und sie macht nicht gerne viel Lärm um sich. Ihr Privatleben ist der Katze wesentlich wichtiger als beruflicher Erfolg.

Aber in manchen Situationen macht die Katze das Rennen, während einige Vertreter anderer Zeichen gar nicht bemerken, dass sie gerade dabei sind, von diesem harmlosen, stets freundlichen und zuvorkommenden Wesen elegant und charmant vor die Tür gesetzt zu werden.

Aus sicherer Distanz bewahrt sie den vollen Überblick, und ihren wachsamen Augen und Ohren entgeht nichts, was von Bedeutung ist.

Berühmte Katzen-Persönlichkeiten
Albert Einstein, Agatha Christie, Joachim Fuchsberger, Dieter Hildebrandt, Gina Lollobrigida, Karl May, Henry Miller, Roger Moore, Frank Sinatra, Tina Turner, Orson Welles.

Drache

Yang; festes Element: Holz
Chinesischer Name: Lung

Jahreszahlentabelle Drache

16.2.1904 – 4.2.1905
3.2.1916 – 23.1.1917
23.1.1928 – 10.2.1929
8.2.1940 – 27.1.1941
27.1.1952 – 14.2.1953

13.2.1964 – 2.2.1965
31.1.1976 – 17.2.1977
17.2.1988 – 5.2.1989
5.2.2000 – 23.1.2001
23.1.2012 – 9.2.2013

Die Drache-Persönlichkeit

Dieses Fabeltier sprüht vor Vitalität und Energie. Drachen sind faszinierend und erschöpfend zugleich. Was sie am meisten hassen, ist der fade Alltag mit seiner farblosen Routine. Daher tun sie alles, um ihr Leben möglichst chaotisch zu gestalten und überall Unordnung zu schaffen, um jeglicher Monotonie vorzubeugen.

In China gilt der Drache als das Symbol des Kaisers und der Macht.

Aber es gibt einen kleinen Trick, wie man sich bei einem Drachen Gehör verschaffen kann: Rühren Sie an sein großes Herz!

Wenn ein Drache kämpft, erscheint ein Vulkanausbruch im Vergleich dazu eher harmlos. Wie ein Feuersturm fegt er übers Land und hinterlässt eine Wüste, ohne mit der Wimper zu zucken.

Der Drache braucht eine Aufgabe, für die er seine überschüssige Kraft einsetzen kann, sonst steht er ständig unter Druck, und das bekommt ihm nicht besonders gut.

Auch in den größten Schwierigkeiten lässt sich ein Drache nicht unterkriegen. Er gibt sich niemals geschlagen, selbst wenn eine Sache noch so aussichtslos erscheint. Und kommen Sie ihm nicht mit Vernunft oder logischen Argumenten! Dann verrennt er sich nämlich nur noch mehr!

Der Drache und sein Gefühlsleben

Nach allem, was Sie bereits über den Drachen wissen, können Sie sich sein Gefühlsleben sicherlich lebhaft vorstellen. Der Drache besitzt ein riesengroßes Herz und ein feuriges Temperament. Wenn er liebt, dann mit Haut und Haaren und ohne lange Umschweife.

Wenn Sie von einem Drachen erobert worden sind, werden Sie sich als Auserwählter und obendrein als der glücklichste Mensch der Welt vorkommen! Drachen sind nämlich unwiderstehlich. An der Seite eines Drachen erstrahlt man selbst in seinem schönsten Licht. Sie fühlen sich in seiner Gegenwart einfach großartig.
Einen Drachen zu erobern, ist nicht einfach, denn er tut das sehr gerne selbst.

Der Weg zum Erfolg im Zeichen Drache

Wenn ein Drache die Erfolgsleiter erklimmt, bleibt dies nicht unbemerkt. Er nimmt sie im Sturm, wobei er kaum Notiz davon nimmt, wenn andere dabei auf der Strecke bleiben. Dort, wo alle anderen längst aufgegeben haben, wird es für den Drachen erst richtig interessant. Wenn Sie ihn zur Weißglut bringen oder gar hinausekeln wollen, langweilen Sie ihn mit Routinearbeiten oder bürokratischem Papierkram.

Was der Drache braucht, ist eine ihm angemessene Aufgabe. Er muss Pionierleistungen erbringen und als Erster den Mount Everest besteigen. Da ihm hier leider schon jemand zuvorgekommen ist und auch Kolumbus schon vor ihm in Amerika war, ist seine berufliche Laufbahn häufig recht kurvenreich. Der Drache muss experimentieren und oft mehrere Berufe ausüben.

Berühmte Drache-Persönlichkeiten
Salvador Dalí, Kirk Douglas, Faye Dunaway, Jean Gabin, John Lennon, Jeanne Moreau, Anthony Quinn, Gregory Peck, Ringo Starr.

Schlange

Yang; festes Element: Feuer
Chinesischer Name: Schi

Jahreszahlentabelle Schlange

4.2.1905 – 25.1.1906
23.1.1917 – 11.2.1918
10.2.1929 – 30.1.1930
27.1.1941 – 15.2.1942
14.2.1953 – 3.2.1954
21.2.1965 – 21.1.1966
18.2.1977 – 6.2.1978
6.2.1989 – 26.1.1990
24.1.2001 – 11.2.2002
10.2.2013 – 30.1.2014

Die Schlange-Persönlichkeit
In China gilt die Schlange als die Verkörperung der Weisheit. Und auch andere Vorurteile, die wir im Allgemeinen gegenüber ihren Vertretern aus

dem Tierreich haben, müssen wir korrigieren. Schlangen verfügen über magische Kräfte und übersinnliche Fähigkeiten. Mit ihrer ausgeprägten Intuition sind sie für andere Menschen daher oft rätselhaft und geheimnisvoll.
Schlange-Geborene sind ein Vorbild an Eleganz und Ästhetik.
Schlangen verstehen es, sich gut und teuer zu kleiden, und auch sonst ist alles, was sie besitzen, nur vom Feinsten. Wenn Sie einer Schlange eine Freude machen wollen, gehen Sie mit ihr in den besten Juwelierladen am Platz.

Der Schlange-Geborene verliert nicht einmal angesichts der größten Katastrophe die Nerven. Wie ein Fels in der Brandung bleibt er stets geistesgegenwärtig und meistert die Lage mit Bravour.

Die Schlange und ihr Gefühlsleben
Die Schlange erwartet bedingungslose Treue. In der Liebe kennt sie kaum Kompromisse. Wenn sie ein Opfer auserkoren hat, hypnotisiert sie es, was ihr mühelos gelingt. Danach verschlingt sie es mit Haut und Haaren. Wenn Sie nicht bereit sind, sich ganz und gar in Besitz nehmen zu lassen, sollten Sie versuchen, den Verführungskünsten einer Schlange nicht zu erliegen. Was für andere gilt, muss aber noch lange nicht für die Schlange gelten. Sie selbst nimmt es mit der Treue nicht allzu genau, und in Besitz nehmen lässt sie sich auch nicht so gerne. Sie hat ihre eigenen Vorstellungen von Treue.

Wenn Sie eine Schlange zum Partner haben, wird es Ihnen nicht an interessantem Gesprächsstoff mangeln. Schlangen sind ausgesprochen gute Unterhalter. Sie führen gerne tief schürfende, philosophische Gespräche.

Wenn eine Schlange glücklich und zufrieden ist, ist sie ein sehr umgänglicher Gefährte. Sie kann überaus verständnisvoll und tolerant sein.

Der Weg zum Erfolg im Zeichen Schlange
Schlangen haben kein besonderes Bedürfnis nach Erfolg. Was sie wollen, lässt sich auf einen einfachen Nenner bringen. Sie wollen so leben können, wie es ihnen gefällt. Dies heißt im Klartext: Eine Schlange möchte ein ruhiges und komfortables Leben führen und morgens nicht aus dem warmen Bett kriechen müssen.

Wenn sie nicht bereits als Millionär geboren wurden und daher zur Arbeit gezwungen sind – die ihnen gar nicht liegt – entwickeln daher auch Schlangen eine gesunde Portion Ehrgeiz und Zielstrebigkeit.

Sie besitzen genau die richtige Mischung von Charme, Kaltblütigkeit, Intelligenz, Einfühlungsvermögen und gutem Riecher, um ihre Chance wahrzunehmen, wenn sie gekommen ist und mit einem gezielten Biss zuzuschlagen.

Berühmte Schlange-Persönlichkeiten
Julie Christie, Bob Dylan, Aretha Franklin, Indira und Mahatma Gandhi, Greta Garbo, John F. Kennedy, König Ludwig II. von Bayern, Robert Mitchum, Pablo Picasso, Edgar Allan Poe, Jean Paul Sartre.

Pferd

Yang; festes Element: Feuer
Chinesischer Name: Ma

Jahreszahlentabelle Pferd

25.1.1906 – 13.2.1907
11.2.1918 – 1.2.1919
30.1.1930 – 17.2.1931
15.2.1942 – 5.2.1943
3.2.1954 – 25.1.1955
21.1.1966 – 9.2.1967
7.2.1978 – 27.1.1979
27.1.1990 – 14.2.1991
12.2.2002 – 31.1.2003
31.1.2014 – 18.2.2015

Die Pferd-Persönlichkeit

Kaum ein anderes Tierkreiszeichen ist so freiheitsliebend wie das Pferd. Es braucht viel Auslauf, und zwar sowohl geistig als auch gefühlsmäßig. Was den Pferden fehlt, ist Ausdauer und Stabilität. Dafür sind sie aber umso flexibler und wendiger. Sie können in jeder Situation sofort reagieren.

Was den Pferd-Geborenen Schwierigkeiten macht, sind ihre häufigen Stimmungsschwankungen. Sie leiden unter ihren Launen. Da sie von einem Extrem ins andere verfallen, ist ihr Gemütszustand nur selten ausgeglichen.

Es heißt, dass Pferde ziemlich egozentrisch seien. Das stimmt auch insofern, als sie gerne im

Mittelpunkt stehen und sich oft wie ein Kind im Trotzalter benehmen. Dabei sind sie nicht wirklich egoistisch. Sie wollen nur um jeden Preis das Gefühl haben, vollkommen frei zu sein, und das bedeutet eben, dass alles nach ihrer Pfeife tanzt. Außenstehende empfinden das Pferd daher als ziemlich rücksichtslos.

Doch wie jeder Mensch, hat auch der Pferd-Geborene seine Schokoladenseite. Er ist offen und macht keine langen Umschweife, sodass man immer weiß, woran man bei ihm ist. Darüber hinaus ist er sehr gesellig und ein ergebener Freund, mit dem man im wahrsten Sinne des Wortes „Pferde stehlen kann“.

Das Pferd und sein Gefühlsleben

Pferde sind sehr impulsiv und stürzen sich Hals über Kopf in jedes Abenteuer, das ihnen bei ihren weiten Ausritten in die Quere kommt. Sie fangen schnell Feuer, das aber oft nicht sehr lange brennt, weil sie keine Zeit haben, neues Holz aufzulegen. So schnell, wie sie auf Touren gekommen sind, verlieren sie auch wieder das Interesse.

Bei Pferden existiert die „Liebe auf den ersten Blick“ nicht nur in der Phantasie. Sie praktizieren sie ihr ganzes Leben lang, und zwar des Öfteren! Ein Pferd dürfen Sie unter keinen Umständen einsperren, wenn Sie verhindern wollen, dass es nach allen Seiten wild ausschlägt. Vielmehr müssen Sie viel Mut aufbringen, um bei seinen waghalsigen Ritten mithalten zu können. Und mithalten müssen Sie, denn ein Pferd möchte nicht alleine gelassen werden, wenn es verliebt ist.

Wenn Sie ihm eine große Freude machen können, schenken Sie ihm etwas, mit dem es noch schneller von einem Abenteuer zum nächsten galoppieren kann.

Der Weg zum Erfolg im Zeichen Pferd
Sie werden auf der ganzen Welt keinen einzigen Bürohengst finden. Wer diesen Begriff geprägt hat, hat auf jeden Fall überhaupt keine Ahnung von Pferden!

Das Pferd stürzt sich mit Begeisterung in neue Projekte. Aber es hat wenig Ausdauer. Wenn sich die Sache zu lange hinzieht, wird sie ihm schnell langweilig. Am liebsten sind Pferde immer unterwegs. Viele Reisen tragen sehr zu seiner Zufriedenheit bei. Wenn möglich, sollte es bei seiner Arbeit auch nicht ständig sitzen müssen. Auch Pferde können ehrgeizig sein, und zwar dann, wenn sie von einer Idee begeistert sind. Dann setzen sie alles daran, ihr Vorhaben auch in die Tat umzusetzen. Zur Erreichung eines Ziels ist ihnen dann kein Weg zu weit.

Berühmte Pferd-Persönlichkeiten
Sean Connery, Frédéric Chopin, Paul McCartney, Rita Hayworth, Jimi Hendrix, Barbra Streisand, Helmut Schmidt, Paul Simon, Armin Müller-Stahl, John Travolta.

Ziege

Yang; Festes Element: Feuer
Chinesischer Name: Yang

Jahreszahlentabelle Ziege

13.2.1907 –	2.2.1908
1.2.1919 –	20.2.1920
17.2.1931 –	6.2.1932
5.2.1943 –	25.1.1944
24.1.1955 –	12.2.1956
9.2.1967 –	29.1.1968
28.1.1979 –	15.2.1980
15.2.1991 –	3.2.1992
1.2.2003 –	21.1.2004
19.2.2015 –	7.2.2016

Die Ziege-Persönlichkeit
Die Ziege ist ein Träumer, der sehr viel Sinn für die schönen und angenehmen Dinge besitzt.
Ziegen leben lieber in einem Traumland als in der nüchternen Alltagswelt. Deshalb überlassen sie die täglichen Pflichten am liebsten anderen, denn es ist nicht so, dass sie von ihren Träumen auch satt werden. Darin liegt die Widersprüchlichkeit der Ziege. Sie verabscheut den grauen Alltag, ist aber auch kein weltfremder Asket.

Was die Ziege unbedingt braucht, ist ein Partner, der für sie sorgt und sie unterstützt. Dafür ist sie auch bereit, sich ihm weitgehend anzupassen. Er muss für den Lebensunterhalt sorgen, damit sie ihre Kreativität entfalten kann. Die Ziege dankt es ihm, indem sie ihn mit ihren phantasievollen Ideen unterhält.

Die Ziege-Geborenen sind verträgliche Menschen, die Streit und Aggression verabscheuen. Ziegen haben keinerlei Zeitgefühl. In den Dimensionen, in denen sie sich meistens aufhalten, gilt auch der allgemein gebräuchliche Kalender nicht. Sollten Sie mit einer Ziege einen festen Termin verabreden, halten Sie besser immer eine Alternative bereit.

Sonst kann es ihnen passieren, dass Sie Ihre wertvolle Zeit damit verschwenden, vergeblich auf die Ziege zu warten. Ihr Lebensrhythmus unterscheidet sich vollkommen von dem eines „normalen“ Sterblichen.

Die Ziege und ihr Gefühlsleben

Ziegen sind Gefühlsmenschen, denen jegliche Logik fehlt. Sie urteilen nach Gefühl, sie handeln nach Gefühl und sie leben nach Gefühl. Ziegen sind treu, solange sie liebevoll gehegt und gepflegt werden. Aber in einer nüchternen Atmosphäre welken sie dahin und machen sich auf, um sich nach neuen Gefilden umzusehen. Dabei kommt ihnen ihre angeborene Neugier sehr zu Gute.

Wenn Sie sich eine Ziege ins Haus holen wollen, müssen Sie bereit sein, ihr alle Geldsorgen abzunehmen. Wenn Sie das tun, kann man Ihnen nur gratulieren! Die Ziege wird Farbe in Ihren grauen Alltag zaubern, dass Sie nur so staunen. Wenn sie versorgt ist, kommen ihre Talente nämlich voll zur Entfaltung.

Der Weg zum Erfolg im Zeichen Ziege

Im Falle einer Ziege muss man nur ein wenig kombinieren, um zu erraten, dass wir es hier nicht unbedingt mit einem Arbeitstier zu tun haben.

Ziegen sind nicht ehrgeizig, was den grauen Alltag anbelangt. Dieses Feld räumen sie lieber sofort und überlassen es denen, die sich hier erproben wollen. Die Ziege hat daran absolut kein Interesse.

Aber jetzt kommt das „große Aber“. Wenn Sie das Talent einer Ziege entdecken und gerne die Rolle ihres Managers übernehmen und das „Mädchen für alles“ spielen, dann entpuppt sie sich als einer der schillerndsten Schmetterlinge auf der ganzen Welt!

Berühmte Ziege-Persönlichkeiten
Isabelle Adjani, Simone de Beauvoir, Boris Becker, James Dean, Cathérine Deneuve, Annie Girardot, Janis Joplin, Laurence Olivier, Walter Scheel, Brooke Shields, John Wayne.

Affe

Yin; festes Element: Metall
Chinesischer Name: Hou

Jahreszahlentabelle Affe

2.2.1908 – 22.1.1909
20.2.1920 – 8.2.1921
6.2.1932 – 26.1.1933
25.1.1944 – 13.2.1945
12.2.1956 – 31.1.1957
29.1.1968 – 16.2.1969
16.2.1980 – 4.2.1981
4.2.1992 – 22.1.1993

22.1,2004 – 8.2.2005
8.2.2016 – 27.1.2017

Die Affe-Persönlichkeit
Affen sind die geborenen Komiker. Ihr größtes Vergnügen besteht darin, ihre Intelligenz dazu zu benutzen, anderen Menschen ein Schnippchen zu schlagen oder sie hinters Licht zu führen. Ein Affe kann sich zwar hochmütig geben, um Sie an der Nase herumzuführen – aber auch das ist wieder nur einer seiner kleinen Tricks! Nein, der Affe will sich einfach amüsieren, und das geht eben manchmal nur auf Kosten anderer.

Zu der vielseitigen Begabung des Affen gehört auch, dass ihm niemand lange böse sein kann, selbst wenn der Affe ihm kurz zuvor das Fell über die Ohren gezogen hat. Affen sind allseits beliebt. Da sie sehr gesellig sind, ist das natürlich sehr zu ihrem Vorteil. Affen sind treue Freunde, freundliche Nachbarn und sympathische Kollegen.

Darüber hinaus besitzt er Weitblick, weshalb er die Folgen seiner Handlungen gut abschätzen kann. Einem Affen das Wasser zu reichen ist nicht gerade leicht.

Der Affe und sein Gefühlsleben
Affen verlieben sich gerne und schnell, aber selbst die größte Liebe macht sie nicht blind. Sie bewahren immer einen kühlen Kopf und entdecken so schneller als andere die Fehler des Partners oder die Schwächen der Beziehung. Das macht es ihnen nicht gerade leicht, ein dauerhaftes Glück zu finden.

Wenn Sie ihn gerne öfter bei sich zu Hause haben wollen, schaffen Sie sich eine große Kinderschar an. Affen bleiben ihr ganzes Leben lang Kinder, weshalb sie am glücklichsten sind, wenn man sie mit Gleichgesinnten Streiche aushecken lässt!

Der Weg zum Erfolg im Zeichen Affe
Affen sind einfallsreich und gewitzt. Sie finden sehr schnell heraus, wo der wunde Punkt ihres Gegners ist oder wie man ihn mit seinen eigenen Waffen schlägt.

Wo so mancher andere Schwierigkeiten hat, was er mit seiner Zeit anfangen soll, ist der Affe ein wahres Genie. Affen können mindestens zehn Sachen gleichzeitig machen.

Affen brauchen viel Abwechslung. Aber da sie so unübertroffen einfallsreich sind, fällt ihnen immer wieder etwas Neues ein, um den grauen Alltag zu beleben. Wenn sich Routine einzuschleichen droht, stellen sie kurz den ganzen Laden auf den Kopf – und schon ist wieder etwas los.

Berühmte Affe-Persönlichkeiten
Jaqueline Bisset, Jill Clayburgh, Joan Crawford, Bette Davis, Federico Fellini, Mick Jagger, Herbert von Karajan, Reinhold Messner, Rod Stewart, Liz Taylor.

Hahn

Yang; festes Element: Metall
Chinesischer Name: Yi

Jahreszahlentabelle Hahn

22.1.1909 – 10.2.1910
8.2.1921 – 28.1.1922
26.1.1933 – 14.2.1934
13.2.1945 – 2.2.1946
31.1.1957 – 16.2.1958
17.2.1969 – 5.2.1970
5.2.1981 – 24.1.1982
23.1.1993 – 9.2.1994
9.2.2005 – 28.1.2006
28.1.2017 – 15.2.2018

Die Hahn-Persönlichkeit

Wenn der Hahn mit seinem prächtigen Gefieder hocherhobenen Hauptes durch die Menge stolziert, zieht er alle Blicke auf sich. Er liebt es, im Mittelpunkt zu stehen, und auch privat will er immer der „Hahn im Korb“ sein. Aber das ist nur die eine Seite der Medaille. Hähne sind zudem aufrichtig und ehrlich.

Wer im Zeichen des Hahns geboren ist, hat eine glückliche Hand im Umgang mit Geld. Wenn Sie zu den Unglücklichen gehören, bei denen sich der Gerichtsvollzieher schon ganz wie zu Hause fühlt, holen Sie sich einen Hahn zu Hilfe. Er wird die Sache wieder in Ordnung bringen, aber nicht nur das: Sie bekommen noch eine Strafpredigt gratis dazu!

Der Hahn und sein Gefühlsleben

Hähne brauchen die Bewunderung wie die Luft zum Atmen. Darüber hinaus sind sie aber auch sehr verantwortungsbewusst. Sie kennen ihre partnerschaftlichen Pflichten und füllen sie gewissenhaft aus.

Mit der Treue nehmen sie es nicht so genau. Oft reicht die Bewunderung eines Einzelnen nicht aus, um sie zufrieden zu stellen. So mancher Gockel hält sich daher einen Harem in Reserve.

Dennoch sind Hähne umgekehrt sehr eifersüchtig. Jeden Rivalen schlagen sie in die Flucht. Hähne sind sehr gesprächig und reden viel und gern.

Wenn Sie sich einen Hahn ins Haus holen wollen, sparen Sie nicht mit Komplimenten. Wenn Sie bereits einen Hahn im Haus haben, machen Sie ihm ab und zu eine kleine Szene. Das schmeichelt ihm.

Der Weg zum Erfolg im Zeichen Hahn
Wenn ein Hahn nicht im Rampenlicht stehen und sein Talent im Show-Business entfalten kann, verdient er sich in allen Berufen seine Lorbeeren, in denen er sich als Finanzgenie betätigen kann.

Hähne sind gewissenhaft und vernünftig. Von riskanten Unternehmungen lassen sie von vornherein die Finger, denn dazu fehlt ihnen der nötige Optimismus und die Phantasie. Sie schlagen lieber den sicheren Weg zum Erfolg ein und kommen mit Ausdauer und Methode an die Spitze.

Hähne liefern immer Präzisionsarbeit. Sie erledigen ihre Pflichten mit peinlicher Genauigkeit und Sorgfalt.

Berühmte Hahn-Persönlichkeiten
Jean Paul Belmondo, Prinzessin Caroline von Monaco, Joan Collins, Katherine Hepburn, Elton John, Simone Signoret, Peter Townsend, Peter Ustinov.

Hund

Yin; festes Element: Metall
Chinesischer Name: Gou

Jahreszahlentabelle Hund

10.2.1910 – 30.1.1911
28.1.1922 – 16.2.1923
14.2.1934 – 4.2.1935
2.2.1946 – 22.1.1947
16.2.1958 – 8.2.1959
6.2.1970 – 26.1.1971
25.1.1982 – 12.2.1983
10.2.1994 – 30.1.1995
29.1.2006 – 17.2.2007
16.2.2018 – 4.2.2019

Die Hund-Persönlichkleit
So beliebt Hunde bei ihren Mitmenschen auch sein mögen, sind sie doch selten zufrieden, weil sie ihren angeborenen Hang zum Pessimismus niemals ganz in den Griff bekommen.

Hunde leiden sehr unter ihrer Unruhe. Deshalb brauchen sie viel Sicherheit und Geborgenheit. Hunde verfügen über eine fast unfehlbare Menschenkenntnis, daher kann man ihnen nicht viel vormachen. Wenn der Hund sie aber einmal als seinen Freund auserkoren hat, weicht er Ihnen nicht mehr von der Seite, und Sie werden jeden Tag wieder dankbar sein, dass Sie behaupten können, einen wahren Freund fürs Leben gefunden zu haben.

Der tiefgründige Hund ist nicht nur ein Menschenfreund, vielmehr übernimmt er auch mit Vorliebe eine humanitäre Aufgabe. Darin kann er vollkommen aufgehen und sogar seine eigenen Sorgen vergessen!

Der Hund und sein Gefühlsleben

Der Hund unterscheidet im Umgang mit Menschen nur zwischen Freund und Feind. Er wittert sofort, wer einen guten und wer einen schlechten Charakter hat, und daran orientiert er sich auch. Obwohl er nach außen hin tolerant ist, wird er sich mit niemandem näher einlassen, der seiner feinen Nase nicht so ganz gefällt. Wenn er enttäuscht wird, vergisst er das ein Leben lang nicht. Hunde besitzen nämlich ein ausgezeichnetes Gedächtnis und darüber hinaus sind sie sehr empfindlich und verletzbar.

Ein Hund ist warmherzig und liebevoll. Er gibt es Ihnen unmissverständlich und ohne große Umschweife zu verstehen. Der Hund ist die Treue in Person.

Der Weg zum Erfolg im Zeichen Hund

Wie Sie sehen werden, gibt es sehr viele prominente Hunde und das, obwohl der Hund sehr selbstlos ist. Selbst wenn er eine Führungsposition einnimmt, verhält er sich immer human, fair und großzügig. Vielleicht ist das sein Trumpf im Ärmel, der ihn so erfolgreich macht.

Hunde müssen an eine Sache glauben, dann machen sie sie zu ihrer Lebensaufgabe. Wenn Hunde diese gefunden haben, beweisen sie, zu welchen Opfern sie fähig sind und welch ein heldenmütiges und großes Herz sie besitzen.

Der Hund-Geborene kämpft für die Gerechtigkeit. Wenn man ihn selbst oder jemanden, der ihm sympathisch ist, betrügt oder mit unfairen Mitteln übers Ohr haut, wird er wild.

Berühmte Hund-Persönlichkeiten
Brigitte Bardot, David Bowie, Charles Bronson, Rainer W. Fassbinder, Ava Gardner, Judy Garland, Michael Jackson, Sophia Loren, Shirley MacLaine, Inge Meysel, Liza Minelli, Donald Sutherland, Sylvester Stallone, Mutter Teresa.

Schwein

Yin; festes Element: Wasser
Chinesischer Name: Ju

Jahreszahlentabelle Schwein

30.1.1911 – 18.2.1912
16.2.1923 – 5.2.1924
4.2.1935 – 24.1.1936
22.1.1947 – 10.2.1948
8.2.1959 – 28.1.1960

27.1.1971 – 14.2.1972
13.2.1983 – 1.2.1984
31.1.1995 – 18.2.1996
18.2.2007 – 6.2.2008
5.2.2019 – 24.1.2020

Die Schwein-Persönlichkeit
Das Schwein gilt als das ehrlichste und gewissenhafteste Zeichen in der chinesischen Astrologie. Man könnte es geradezu als „Wahrheitsfanatiker" bezeichnen. Da es darüber hinaus noch sehr gutmütig ist und nur an das Gute im Menschen glaubt, lässt es sich manchmal ganz schön an der Nase herumführen.

Schweine sind, ganz anders als der Ruf, der ihnen im Tierreich vorauseilt, Luxusgeschöpfe. Sie genießen das Leben mit all seinen sinnlichen Genüssen, in denen sie so richtig schwelgen können.
Da sie sehr gesellig und großzügig sind, lassen sie andere gerne daran teilhaben. Obwohl man Schweine oft ein wenig antreiben muss, können sie sehr aktiv werden. Das Schwein ist immer die gute Seele, die sich stets eifrig bemüht, alles zur vollsten Zufriedenheit zu erledigen und sich allseits nützlich zu machen.

Wenn es ums Geld geht, sind Schweine viel zu weichherzig. Es lässt sich von so manchem Schmarotzer ausnehmen wie eine Weihnachtsgans, wenn es nicht auf der Hut ist.

Das Schwein und sein Gefühlsleben
Schweine sind sinnlich und leidenschaftlich, und sie lieben das Leben.

Daher setzen sie ihre Träume immer in die Realität um. Voller Lebensfreude genießt ein Schwein alles, was ihm die Liebe zu bieten hat – und das ist eine ganze Menge.

Das Schwein ist von einer ganzen Schar von Bewunderern umgeben und tut sich oft schwer damit, aus ihnen den einen auszuwählen, mit dem es die Überfülle seines Lebens teilen möchte.

Wenn es ihn oder sie aber gefunden hat, ist es treu und absolut ehrlich. Dieselbe Zuverlässigkeit und Aufrichtigkeit erwartet es auch von seinem Partner.

Ein Schwein ist sehr sensibel und anhänglich. Ab und zu liebt es aber auch das Alleinsein und erwartet, dass man ihm für eine Weile seine Ruhe lässt.

Wenn Sie sich ein Schwein angeln wollen, sollten Sie immer eine kleine Aufmerksamkeit mitbringen. Ebenso ratsam ist es, seinen Geburtstag nicht zu vergessen, denn es ist zutiefst gerührt, wenn Sie daran denken. Und was bei einem Schwein immer wirkt: Laden Sie es in ein erstklassiges Restaurant zu einem erlesenen Diner mit mindestens fünf Gängen ein!

Der Weg zum Erfolg im Zeichen Schwein

Schweine interessieren sich nicht so sehr für den Erfolg, aber dafür umso mehr für den Wohlstand. Das Schwein ist kein Speichellecker, das verstößt gegen seine Würde. Es geht auch nicht über Leichen, dafür ist es viel zu loyal und human. Es schuftet auch nicht für zwei, dafür liegt es zu gerne faul am Swimming-Pool. Wie also kommt unser Schwein zu Ruhm und Ehren?

Nun, man muss ihm manchmal einen recht unsanften Schubs geben, damit es sich auf die Hinterbeine stellt. Für andere hat es oft den Anschein, als müsse ein Schwein nur den kleinen Finger rühren, um die Quellen zum Sprudeln zu bringen. Wo andere die Karriereleiter hinaufhetzen, bleibt unser Schwein gelassen und erntet doch in Hülle und Fülle.

Berühmte Schwein-Persönlichkeiten
Woody Allen, Fred Astaire, Humphrey Bogart, Maria Callas, Jacques Cousteau, Alain Delon, Alfred Hitchcock, Vicco von Bülow (Loriot), Rainier von Monaco, Albert Schweitzer.